Koch selber!

kein Stress kochen

69 Rezepte für den Ehrenkoch

EMF

EIN BUCH DER
EDITION MICHAEL FISCHER

kSk

Inhalt

IN PIE WE CRUST 59

SCHWEIZER-TASCHEN-BRIOCHE-TEIG 71

HANGOVER-REZEPTE 81

ERDÄPFELTEIG-QUICKIES 93

Bread 4 Pitt

Warum sollte man eigentlich selber kochen?

„Da kauf ich mir lieber einen Döner um 3,50!"

In einer Zeit, in der man an jeder Ecke etwas zu essen bekommt und die Lebensmittelgeschäfte mit fertigen Gerichten und Snacks überfüllt sind – warum sollte man da noch selber kochen?

Interessant ist, dass das jeder für sich selbst entdecken kann. Der Vorgang des Entdeckens an sich ist schon einer der spannenden Aspekte. Das Gefühl, etwas selber gemacht und dabei sein Bestes gegeben zu haben, kann auch ein Grund sein, warum eine „Sache" zu einem Hobby, zu einer Leidenschaft wird.

Der eine malt Bilder, ein anderer will Mega Man 1 in Weltrekordzeit schaffen und wieder ein anderer bastelt mit seinen Kindern eine Holzhütte. Egal, was euch in eurem Schaffen bereichert und euer Leben positiv abrundet, MACHT ES! Das Leben ist zu kurz, um nicht mal seinen eigenen Leberkäse gemacht zu haben!

Einfach Ehrensache

Ihr kommt an einen Punkt in eurem Leben, wo ihr in etwas gut seid und der Drang, noch besser zu werden, einen großen Teil eures Lebens ausmacht. Das ist ein Indikator dafür, dass euer Hobby zu einer Passion geworden ist. Gratuliere!

Wenn ihr euch schon beim Einkaufen denkt: „Dieses Fertiggericht kann ich wesentlich besser selber machen" oder „Ich brauch keinen Suppenwürfel oder gekörnte Brühe", seid ihr jemand, der Kochen nicht als unausweichliches Übel sieht, sondern auch als Möglichkeit, etwas Kreatives und Geniales zu schaffen.

Und ja, manche Dinge machen mehr Arbeit, aber das Ergebnis lohnt sich! Ehrenkochversprechen!

Wer bin ich

und was findest du hier?

Ich selbst bin YouTuber (das gilt anscheinend schon als „Berufsbezeichnung“) und viele, die dieses Buch kaufen, werden meinen Kanal kennen. Da ich zu dem Zeitpunkt, an dem ich dieses Buch schreibe, nicht hauptberuflich YouTube-Videos mache, möchte ich das Ganze mehr als Hobby beziehungsweise Leidenschaft deklarieren. Kochen ist nicht mein Beruf, sondern mehr eine Berufung.

Keine Angst, das hier ist keines dieser Bücher, in denen man ausschließlich Rezepte findet, die ich schon auf YouTube gemacht habe. Sonst wäre der Titel „Gibt’s zwar alles gratis auf YouTube – wäre aber cool, wenn ihr es trotzdem kaufen würdet“.

Verweise auf Videos werden mit QR-Codes bei den jeweiligen Rezepten dabei sein und können mit einer entsprechenden App geöffnet werden. Es werden auch kurze Videos mit Tipps und fragwürdigen Inhalten dabei sein.

Ich schränke mich nicht auf nationale Küche ein. Kochen ist eine Spielwiese, die es zu erkunden gilt. Sosehr ich traditionelle Gerichte, die auch traditionell gekocht werden, liebe, ist das Entwickeln neuer Rezepte der spannende und spaßige Teil. Auch wenn manche Techniken oder Rezepte von Puristen vielleicht als illegal bezeichnet werden könnten.

Und falls du mehr über mich und wie mein Kanal angefangen hat, wissen möchtest, habe ich hier eine kleine „Mini-Doku“ vorbereitet.

kein Stress kochen

ksk

Lexikon für
Völkerverständigung

Trotz der geografischen Nähe von Österreich und Deutschland gilt es, sprachliche Hürden prophylaktisch zusammenzutragen. Dieser Service wird euch kostenlos von kSk (AUT) und Jens Glatz (DE) zur Verfügung gestellt.

Erdäpfel = Kartoffeln

faschiert = durch den Fleischwolf gedreht, entsprechend:
Faschiertes = Hackfleisch

fett sein = besoffen sein

Frankfurter Würstchen = Wiener Würstchen

Germ = Hefe

Grammeln = Grieben / ausgelassene Schweinespeckwürfel

Hosenbrunzer = Hosenscheißer

Käferbohnen = Feuerbohnen

Karfiol = Blumenkohl

Kren = Meerrettich

Luststock = Liebstöckel/ „Maggikraut"

Powidl = Pflaumenmus

restfett = Hangover/siehe „fett sein"

Rote Rübe = Rote Bete

Sauerrahm = Saure Sahne

Schilcher = Roséwein aus der Rebsorte Blauer Wildbacher

Schlagobers = Sahne

Schweineschopf = Schweinenacken

Selchfleisch = Geräuchertes

Staubzucker = Puderzucker

Das Saucenmanifest

Doch wie beginnt alles? Richtig! Mit der Sauce.

WAS?! Da ist kein Tomatenmark, Lorbeerblatt, Rotwein und so weiter dabei?

Ich habe Bindungsängste und mir ist zum Beispiel Rotwein schon zu viel Verpflichtung. Für zu Hause ist ein so allgemein gehaltener Fond wie möglich die beste Variante, um flexibel zu kochen.

Außerdem sollte er einfach und mit wenig aktivem Zeitaufwand zu machen sein. In reduzierter Form kann der Fond super in Eiswürfelformen eingefroren werden. Die können dann wie diese vermaledeiten Brüh-/Suppenwürfel verwendet werden.

Grundsauce

Die Basis für fast alles!

Where is the sauce ?!

ZUTATEN

800–900 g Fleisch (am besten durchzogen und/oder mit Knochen; Suppenrippe/Beinfleisch eignet sich am besten)

1 große Zwiebel

1 Bund Suppengemüse (ca. 300 g)

Wie der Fond dann reduziert aussieht, siehst du hier:

Wie man daraus dann herrliche Saucen zieht, sehen wir uns gleich an. Jetzt aber kommen wir zum Grundstock für viele Gerichte.

ZUBEREITUNG

1. Fleisch und Gemüse, wie von euch gewünscht, anrösten. Für einen Fond empfehle ich, zumindest das Fleisch und die Zwiebel scharf anzubraten oder mit etwas Öl bei 250 °C (Umluft) in den Ofen zu geben, bis sich auch da Röstaromen bilden. Man sollte auf hohe Temperatur achten, denn falls man zum Beispiel auch Karotten anröstet und die Temperatur zu niedrig ist, könnten diese süß werden.
2. Mit 4 l Wasser aufgießen und köcheln lassen. NICHT salzen.
3. Nach 3 Stunden Kochzeit hat man eine sehr kräftige Suppe/Brühe, die auch für Rezepte, bei denen so etwas verlangt wird, benutzt werden kann. Das Gemüse und das Fleisch haben noch Geschmack.

   Nach 6 Stunden Kochzeit ist es schon schwieriger, das Gemüse oder Fleisch weiter zu verwenden, weil der meiste Geschmack schon ausgekocht ist. Dafür ist der Geschmack des Fonds schon sehr kräftig und muss nicht mehr so stark reduziert werden.

   Nach 12 Stunden ist alles ausgekocht und der Fond wird nicht mehr kräftiger.

Hier noch ein Video, in dem viel über diese Grundsauce gesprochen wird (bitte später einsteigen bei 6:48):

QR-Code

Steak

mit Rotweinsauce

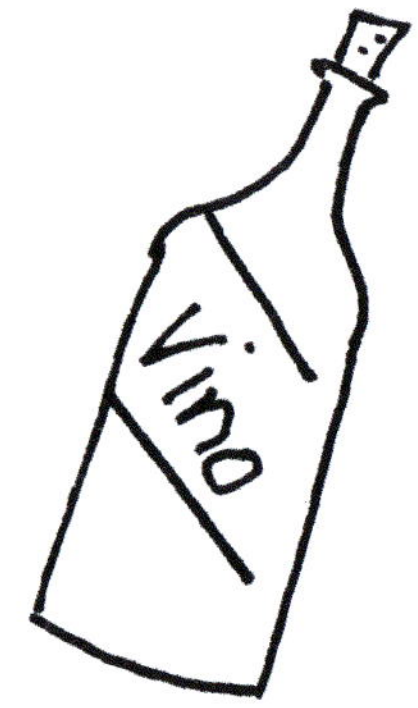

ZUTATEN

2 Rinder-Steaks nach Wahl

100 ml Rotwein (nichts für Kinder)

Knoblauch, Kräuter, Tomatenmark (nach Belieben)

200 ml Grundsauce (bei 12 Stunden Kochzeit, 350 ml bei 6 Stunden, 500 ml bei 3 Stunden)

1-2 TL kalte Butter

Salz und Zucker

Dieser Klassiker darf in meinem Kochbuch nicht fehlen. Der beste Tipp für die Wahl des Rotweins: trinken! Wenn er schmeckt, auch damit kochen.

ZUBEREITUNG

1. Steak scharf anbraten und den Bratensatz mit Rotwein ablöschen. Den Wein reduzieren, bis die Flüssigkeit fast verdampft ist. Hier hat man die Möglichkeit, mit anderen Aromen wie Knoblauch, Kräuter oder zum Beispiel Tomatenmark die Sauce zu aromatisieren.
2. Man kann das Steak auch extra braten und die Sauce ohne Bratensatz ansetzen. Dafür einfach den Rotwein in einem Soßentopf reduzieren.
3. Dann den Fond dazugeben und so lange reduzieren, bis die Sauce schön kräftig ist (auf ca. 70-100 ml). Da der Fond nicht gesalzen ist, kann man ihn so stark reduzieren, wie man möchte, ohne dass etwas versalzen ist.
4. Final die kalte Butter einrühren (montieren) und mit Salz und etwas Zucker abschmecken.
5. Wenn die Sauce noch etwas Konsistenz braucht, kann man diese mit Stärke oder Beurre manié etwas andicken.

Schweinsrückensteak

mit Weißwein-Thymian-Sauce

Steak braten!

ZUTATEN

2 Schweinerückensteaks

100 ml Weißwein (nichts für Kinder)

200 ml Grundsauce (bei 12 Stunden Kochzeit, 350 ml bei 6 Stunden, 500 ml bei 3 Stunden)

1 Knoblauchzehe

1 Zweig Thymian

10-100 g Schlagobers

Salz und Zucker

Wie flexibel diese Grundsauce ist, zeigt sich bei der Zubereitung von verschiedenen Fleischsorten. Wenn ich eine Grundsauce nur mit Weiß- oder Rotwein ansetze, kann ich im Nachhinein nicht variieren, so wie hier. Der Kreativität sind keine Grenzen gesetzt.

ZUBEREITUNG

1. Fleisch anbraten und Bratensatz mit Weißwein ablöschen und reduzieren.
2. Den Fond dazugeben und so lange reduzieren, bis die Sauce fast schon sirupartig ist (circa 25-50 ml). Den Knoblauch zerdrücken. Knoblauch und Thymian dazugeben.
3. Thymian und Knoblauch aus der Sauce nehmen und 70–100 g Schlagobers dazugeben.
4. Mit Salz und etwas Zucker abschmecken.

Lammkrone

mit Kräuter-Pistazien-Kruste, Karfiolpüree und Whisky-Karotten

ZUTATEN

Für das Karfiolpüree

½ Karfiol

1 EL Butter

Salz

1 Msp. gemahlene Muskatnuss (optional)

Für die Kruste

4 EL Panko oder Semmelbrösel

3 EL Pistazien

3 EL gehackte Petersilie

1 TL frischer Thymian

1 TL gehackter Rosmarin

3 EL geriebener Parmesan

3 EL Olivenöl

Für die Whisky-Karotten

6 Jungkarotten

2 cl Whisky (geht auch ohne, wenn Kinder mitessen)

2 EL Ahornsirup

... aber ehrlich, schmeckt euch die Kruste ab, wie ihr es für richtig haltet. Panko, Parmesan, Öl und die Pistazien sind die Grundmasse, wobei man die Pistazien auch gegen andere nussartige Zutaten wie Mandeln, Walnüsse oder Cashewkerne austauschen kann.

Dieses Gericht fällt wieder unter die Kategorie: schaut kompliziert aus, ist relativ einfach zu machen.

Ich habe sogar zum Thema Grundsauce eine einfache Demi-Glace-Variante gezeigt. Mein Beitrag zum Valentinstag. →

ZUBEREITUNG

1. Für das Püree den Karfiol in grobe Stücke schneiden, in einen Topf mit Wasser geben (der Karfiol sollte bis knapp zur Hälfte bedeckt sein) und kochen, bis er weich ist. Alles mit der Butter zu einem sämigen Püree pürieren und mit Salz und Muskat abschmecken.
2. Für die Kräuterkruste alle Zutaten in einen Mixer geben und mixen, sodass ihr ein schön grünes Paniermehl bekommt.
3. Für die Whisky-Karotten die Karotten so lange kochen, bis sie weich sind. Whisky und Ahornsirup in eine Pfanne geben und kurz aufkochen. Die gekochten Karotten durch den Sirup schwenken und für den weiteren Gebrauch bereithalten.
4. Das Lamm salzen und für 20–30 Minuten ruhen lassen. Trocken tupfen, falls es etwas feucht ist.
5. Eine ofenfeste Form für euer Lamm bereitstellen und den Ofen auf 200 °C (Umluft) vorheizen.
6. Das Lamm von allen Seiten scharf anbraten und den Bratensatz mit dem Sherry und dem Fond ablöschen.
7. Die Sauce so weit reduzieren, bis euch die Konsistenz passt. Gegebenenfalls mit Salz abschmecken.

Für das Fleisch

400 g Lammkrone (küchenfertig)
Salz
Öl zum Braten
1 EL Sherry
150 ml Fond vom Rind oder Lamm (oder so wie im Video)
Dijon-Senf (oder euer Lieblingssenf)

8. Das Lamm mit Dijon-Senf bestreichen und in der Kräuterkrustenmischung wälzen.
9. Alles für ca. 25 Minuten im heißen Ofen backen. Das Fleisch sollte medium bis medium rare sein. Genauere Messungen können mit einem Kernthermometer durchgeführt werden.
10. Lasst das Lamm noch 10 Minuten rasten und kümmert euch währenddessen um die Wärme der Zuspeisen.
11. Die aufgeschnittene Lammkrone mit Püree, Sauce und Karotten servieren.

Ein Fond als

Vorbereitung für andere Gerichte?

In einem Video, in dem ich mein Geheimnis für schnelle Gerichte verrate, habe ich einen Fond mit Fleischeinlage angesetzt. Geheimnis gelüftet! Der Gedanke war, viele Rezepte aus einer Basis heraus zu bekommen, und das in kürzester Zeit.

Die Möglichkeiten sind grenzenlos.

Pulled Beef Salad

(Notfall-saures-Rindfleisch)

ZUTATEN

100 ml Fond
200 g Käferbohnen (Dose)
1 kleine rote Zwiebel
Essig
150 g (oder nach Geschmack) gekochtes, kaltes Rindfleisch
Salz
Kürbiskernöl

Wenn man will

Tomaten
Salate
Paprika
Gurken
Alles ist erlaubt!

Ein ordentlicher Rindfleischsalat gibt Kraft für typische steirische Aktivitäten wie am Feld arbeiten, Wein trinken und Golf fahren. In dieser Variante wird das Fleisch zerzupft, was man machen kann, wenn man sehr zartes Fleisch zur Hand hat.

ZUBEREITUNG

1. Den Fond in einem Topf auf ¼ reduzieren. Das dauert ein wenig und in der Zwischenzeit können wir uns um die anderen Dinge kümmern.
2. Die Bohnen gut mit kaltem Wasser abwaschen. Das restliche Gemüse waschen, putzen und nach Belieben schneiden.
3. Essig mit dem Fond 4:1 vermischen.
4. Rindfleisch zerzupfen und mit Bohnen und Gemüse mit dem Essig-Fond-Gemisch anmachen und mit Salz abschmecken.
5. Wichtigster Schritt: Kernöl drüber!

Schnelles Würzfleisch

Low-budget Ragout fin

ZUTATEN

40 g Butter
30 g Mehl
500 ml Schweinefond (wie aus dem Video)
Salz
frisch gemahlener Pfeffer
1 Spritzer Worcestersauce, plus mehr zum Servieren
1 Msp. Pimentpulver (optional)
1 Msp. geriebene Muskatnuss (optional)
1 EL Zitronensaft
1 Schluck Weißwein (nichts für Kinder)
200 g gekochtes Schweinefleisch (ebenfalls wie aus dem Video)
150 g Gouda (oder was halt Schmelzendes, Käseartiges im Haus ist)
Toastbrot (zum Überbacken oder Servieren)

Die DDR-Küche ist für mich eine sehr charakterstarke und geschichtsträchtige. Aus wenig viel machen, das auch noch gut schmeckt! Diese Zeit bestand aus vielen kreativen und für die Arbeiterklasse abgewandelten Gerichten. Eines dieser Gerichte ist Würzfleisch.

Das Schöne ist: Hier sind die Zutatenangaben ein „gut gemeinter Vorschlag". Die Menge an Fleisch, die Konsistenz der Sauce oder die Gewürze – alles eine Frage eures Geschmacks.

ZUBEREITUNG

1. Die Butter in einem Topf schmelzen und das Mehl darin für 3–5 Minuten anschwitzen.
2. Schluckweise, unter ständigem Rühren, den Fond zur Mehlschwitze geben, damit daraus eine cremige Sauce entsteht.
3. Mit Salz, Pfeffer, Worcestersauce, Piment, Muskat, Zitronensaft und Weißwein abschmecken und mit dem Schweinefleisch kurz aufkochen.
4. Man kann es natürlich gleich essen, aber in ofenfeste Förmchen gefüllt und mit Käse überbacken ist das Ganze wesentlich besser und ... kalorienreicher. Mit Toastbrot und Worcestersauce servieren.

Schnelles Paprikahuhn

Illegaler pannonischer Klassiker

ZUTATEN

1 Zwiebel
1 rote Paprika
1 Hühnerbrust
Öl oder Butterschmalz zum Anbraten
1 EL edelsüßes Paprikapulver
250 ml Hühnerfond
1/2 EL Tomatenmark
150 ml Schlagobers
Salz
Pfeffer
Sauerrahm zum Garnieren

Mit dem vorbereiteten Fond und einer übrig gebliebenen, zerteilten Hühnerbrust (siehe Video) lässt sich das klassische geschmorte Paprikahuhn in Windeseile als 15-Minuten-Partie fabrizieren.

ZUBEREITUNG

1. Zwiebel schälen, Paprika halbieren, putzen und waschen. Gemüse und Hühnerbrust in Streifen, oder wie ihr sie auch immer wollt, schneiden. Die Hühnerbrust könnt ihr vorab salzen und das Salz 15 Minuten einziehen lassen.
2. Hühnerbrust, Zwiebel und Paprika in etwas Öl oder Butterschmalz anbraten. Kurz das Paprikapulver und das Tomatenmark mit anrösten, aber Vorsicht! Es darf nicht anbrennen, sonst wird es bitter.
3. Mit dem Fond ablöschen und alles etwas köcheln lassen.
4. Der Schlagobers kommt am Schluss dazu, bevor ihr mit Salz und Pfeffer abschmeckt. Final mit Sauerrahm garnieren.

kSk

Würstelstand-Klassiker

Der Würstelstand ist in Österreich der Treffpunkt der Kulinarik! Von der Schnitzelsemmel bis zum gepflegten Bier findet man alles.

Leberkäs is love,

Leberkäs is life

Der Wendepunkt meiner Aktivitäten auf YouTube war die geistesgegenwärtige Entscheidung, nicht mehr auf Trends oder Analysen zu achten, sondern meine eigene Experimentierfreudigkeit auszuleben. Womit wir zum Leberkäse-Video kommen.

Ein Rezept über Leberkäse als „Wendepunkt" zu bezeichnen, klingt vielleicht etwas komisch, aber es war meine Entscheidung, mein Wille, ein Rezept zu gestalten, das ihr zu Hause ohne spezielle Hilfsmittel selber machen könnt.

Nach Wochen von Fehlschlägen ist es mir gelungen und dieser Ehrgeiz wurde mit mittlerweile über 1.000.000 Aufrufen belohnt. Ja, ich weiß, wir sprechen immer noch über Leberkäse.

Der Flex kam steil, aber ich kann einfach nicht beschreiben, was es für ein unglaubliches Gefühl ist, mit seinen eigenen Ideen so viele Menschen zu erreichen.

Leberkäse

Österreichisches Grundnahrungsmittel

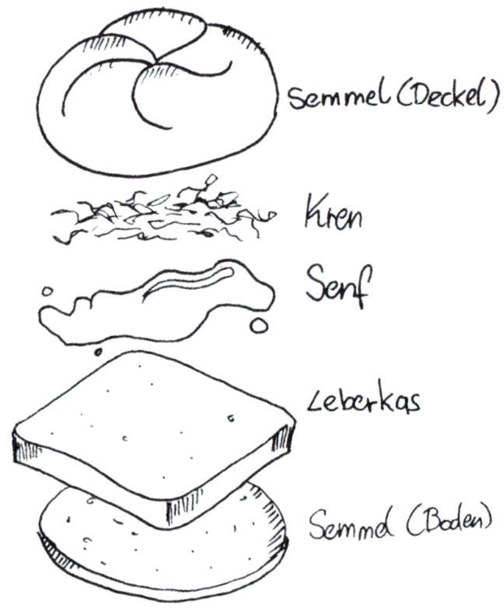

ZUTATEN

600 g doppelt faschierter Schweinebauch

400 g doppelt faschierte Rindsschulter

20 g Nitritpökelsalz (Vorsicht: In Österreich kommt es vor, dass es sehr konzentriert ist. Achtet auf die Packungsanweisung)

3 g Pfeffer

3 g Knoblauchpulver

2 g Pimentpulver

1 g Muskat

2 g Zwiebelpulver

Kutterhilfsmittel laut Hersteller

Öl für die Form

Im Video habe ich auf Kutterhilfsmittel verzichtet und eine Variante mit speziellem Backpulver gemacht. Jaaaaaaaa, Leberkäse ist kein Abnehmgericht. Man sollte auch wissen, dass Nitritpökelsalz und Phosphate nicht gerade gesund sind, eher im Gegenteil.

Trotzdem ist selbst gemacht immer besser! Das Nitritpökelsalz kann man durch normales ersetzen und Kutterhilfsmittel mit dem Trick aus dem Video. Der Leberkäse wird dann wahrscheinlich „grauer". Trotzdem, hier eine elegante Variante.

ZUBEREITUNG

1. Fleisch mit Wasser in den Gefrierschrank geben, um es so kalt wie möglich zu machen. Den Ofen auf 150 °C (Ober-/Unterhitze) vorheizen.
2. Fleisch mit den Gewürzen und dem Kutterhilfsmittel vermengen. Entweder mit der Hand (das ist halt anstrengend) oder mit dem Rühraufsatz der Küchenmaschine alles durchmischen und schluckweise 220 ml sehr kaltes Wasser dazugeben.Bis das Brät eine Temperatur von 12 °C erreicht hat, sollte alles ordentlich vermengt und gebunden sein.
3. Eine Kastenform einölen und das Brät so gut wie möglich ohne Lufteinschlüsse hineinstreichen.
4. Den Leberkäse im heißen Ofen für 60–70 Minuten backen.

Bosna – DIE Bratwurst

Salzburger Kulturgut

Wir nehmen die Wurst selbst in die Hand! :-)

ZUTATEN

300 g fein faschierter Schweinebauch

300 g fein faschierter Schweineschopf

400 g fein faschierte Rinderschulter

16 g Salz

2 g Pfeffer

1 g Muskat

1,5 g Majoran

1,5 g Senfmehl

2 g Knoblauch (gepresst oder fein gehackt)

Schafsaitling 22/24

Für eine rote Bratwurst außerdem

1 g Chilipulver (nach Geschmack)

5 g edelsüßes Paprikapulver

30 g angeröstetes Tomatenmark

4 g geräuchertes Paprikapulver

Eine Bratwurst könnte man kaufen, muss man aber nicht. Das Schöne ist, dass man mit seiner selbst gemachten Gewürzmischung eine ganz besondere Wurst fabrizieren kann (*hehe*, besondere Wurst). Welche Bratwurst „original" für Bosna verwendet wird, ist nicht so ganz definiert, aber eine geile Bratwurst, die schaffen wir! Zumindest weiß man, dass die Bosna aus Salzburg kommt. Glaub ich.

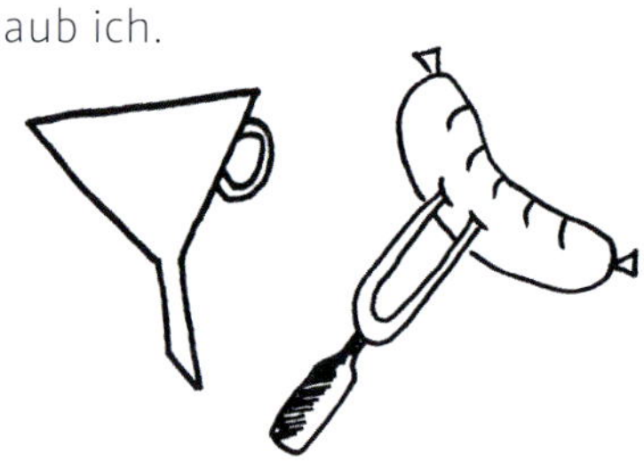

Auf jeden Fall:
Deine eigene Wurst kann dein ganzer Stolz sein! *(hehe)*

ZUBEREITUNG

1. Fleisch und Gewürze vermengen und ordentlich durchkneten.
2. Den Darm mit warmem Wasser durchspülen, für ein paar Minuten wässern und auf einen Trichter (siehe Video) oder einen Wurstfülleraufsatz aufziehen. Die Fleischmischung langsam und ohne dass zu viel Luft dazukommt, in den Darm hineinlassen. Ca. alle 25 cm abdrehen.
3. Währenddessen über infantile Wurstwitze nachdenken, die man dann beim Servieren bringen kann.
4. Frische Bratwurst kann sofort in der Pfanne oder auf dem Grill gebraten werden.
5. Mach deine Gäste mit deiner Wurst glücklich. *(hehe)*

Bosna

Imbiss-Multifunktionsbrötchen

österr.: Standlweckerl

ZUTATEN

500 g Weizenmehl
(in Österreich Type W700 glatt,
in Deutschland 550)

10 g Backmalz (Das macht
den Unterschied!)

15 g zimmerwarme Butter

20 g frischer Germ
oder 1 g Trockengerm

5 g Zucker

10 g Salz

ZUBEREITUNG

1. Alle Zutaten mit 300 ml lauwarmem Wasser 10 Minuten lang durchkneten. Den Teig für ca. 30 Minuten bei Zimmertemperatur gehen lassen.
2. 6 Teiglinge zu 150 g abwiegen und Kugeln formen. Lasst die Burschen dann 15 Minuten auf einer bemehlten Fläche rasten.
3. Die Teiglinge zu länglichen Brötchen formen und auf ein Backblech – oder noch besser: auf ein Baguette-Blech – legen. (Schaut ins Video.)
4. Die Brötchen mit etwas Wasser besprenkeln und abgedeckt nochmal für ca. 30 Minuten gehen lassen.
5. Den Ofen mit einer Wasserschale auf 220 °C vorheizen.
6. Brötchen oben einschneiden, mit Wasser besprenkeln und im heißen Ofen 10 Minuten mit der Wasserschale und dann noch 10–13 Minuten ohne backen.

So formst du die Brötchen

Tipp

Bosna

Topping

ZUTATEN

2 EL Currypulver nach Wahl (z. B. kein Stress kurry, S. 38)

2 TL Senfmehl

Chilipulver nach Geschmack

1 TL gerebeltes Bohnenkraut

1–2 TL geräuchertes Paprikapulver

2 TL Zucker

Petersilie

scharfer Estragonsenf

Zwiebelwürfel

Mischt die Gewürze so, wie sie euch schmecken. Die Angaben sind eine grobe Richtung.

Lasst euch nicht einreden, wie ihr Bosna zu essen habt! Ihr seid erwachsene Menschen und könnt selbst entscheiden, wie ihr eine Wurst in oder auf einem Brot esst.

Falls euch das zu viel Verantwortung ist, hier eine Reihenfolge, für die ich die volle Verantwortung übernehme:

ZUBEREITUNG

Brot (vielleicht angetoastet) ⟶ Senf ⟶ Zwiebelwürfel ⟶ Wurst ⟶ wieder Senf ⟶ wieder Zwiebel, aber diesmal mit Petersilie ⟶ Gewürz.

… oder einfach alles zusammenmischen und auf ein Brot klatschen.

kein Stress kurry

Abwandelbare Curry-Grundmischung

ZUTATEN

Für die Grundmischung

12 g gemahlene Kurkuma

12 g gemahlene Koriandersamen

4–6 g gemahlene Bockshornkleesamen

4 g gemahlener Kreuzkümmel

1 g gemahlene Fenchelsamen

0,8 g gemahlener Zimt

Weitere Zutaten können zum Beispiel sein

Lorbeerblatt

gemahlener Ingwer

Knoblauchpulver

Zwiebelpulver

Cayennepulver

Kardamom

Nelkenpulver

Piementpulver

Das, was wir in Europa so als Curry bezeichnen, hat oft wenig mit dem indischen „Original" zu tun. Jede Familie hat da ihre eigene Mischung und genau so sollte Currygewürz auch gemacht werden, nach eurem Geschmack. Es gibt praktisch eine Grundwürze und dazu dann viele Möglichkeiten, wie ihr euer eigenes, perfektes Currygewürz macht. In erster Linie geht es darum, aus Kurkuma, Bockshornkleesamen, Koriander und Kreuzkümmel ein „Grund-Curry" zu mischen. Ab da habt ihr dann volle Kontrolle über eure Gewürzmischung. Die Qualität ist entscheidend, ob euer Gewürz gut oder schlecht ist, vergesst das nicht!

ZUBEREITUNG

1. Zusammenmischen!
2. Über ein paar peinliche Situationen in eurer Kindheit nachdenken …
3. Curry abschmecken. Vorsicht: Es geht in erster Linie um Geruch und Geschmack im warmen Zustand.

Tipp Verwendet ihr die Gewürze im Ganzen und mahlt sie selbst, dann röstet diese in einer Pfanne ohne Öl vorher bei moderater Hitze kurz an.
Auch Currypulver immer kurz im Öl anrösten, um die vollen Aromen zu entfalten. Vorsicht! Nicht anbrennen lassen, sonst schmeckt es bitter.

Ketchup

für besondere Anlässe

ZUTATEN

1 kg reife Tomaten (Sorte egal, Hauptsache reif)
1 Nelke
100 g Tomatenmark
Salz
40 g Zucker (am besten abschmecken)
180 ml Essig (am besten abschmecken, ich würde Branntweinessig nehmen)

Ob es klug ist, Ketchup selber zu machen, muss jeder für sich selbst entscheiden. Wenn du aber das Glück hast, gerade zufällig viele reife Tomaten zu haben, und du etwas Besonderes damit machen willst, bist du hier richtig.

ZUBEREITUNG

1. Den Ofen auf 180 °C (Umluft) vorheizen. Tomaten waschen, in grobe Würfel schneiden und den Strunk entfernen.
2. Die Tomaten für 10–15 Minuten im heißen Ofen backen. Hier wollen wir die Tomaten weicher machen.
3. Die Tomaten durch ein Sieb passieren, am besten durch eine Flotte Lotte.
4. Die aufgefangene Flüssigkeit für 30–40 Minuten mit der Nelke einkochen, bis das meiste der Flüssigkeit weg ist.
5. Die Nelke entfernen und das Tomatenmark einrühren. Mit Salz, Zucker und Essig abschmecken.

Minimalrezepte aus der Vorratskammer

Für mich persönlich ist es wichtig, dass man auch aus wenig mehr macht. Aus Grundzutaten mehrere Gerichte zu kochen, war für mich immer eine Faszination beim Kochen. Viele Koch-Skills habe ich mir aus der Not aneignen müssen, da das Geld gefehlt hat.

Ich beschäftige mich auch heute noch mit kostengünstigen, aber dennoch sehr guten Rezepten.

Spätzle!

... oder Käsespätzle

Wie man Spätzle schabt

ZUTATEN

Für den Spätzleteig

100 g Mehl

1 Ei (Größe M)

40–75 ml Wasser oder Milch (am besten aber nach Gefühl)

Salz

geriebene Muskatnuss (optional)

Für Käsespätzle

Käse eurer Wahl (meine Empfehlung: 50:50 Bergkäse und schnittfester Mozzarella bzw. Rässkäse)

Butter oder Butterschmalz

Röstzwiebeln

Ein interessanter Zugang zum Thema Spätzle: Was wäre, wenn man die auch als Pasta verwendet? In Wirklichkeit sind wir nicht weit davon entfernt. Das wird jeder wissen, der Bologneseneste, aber keine Nudeln zu Hause hatte und deshalb auf selbst gemachte Spätzle zurückgreifen musste. Das ist einem Freund passiert (sicher nicht mir). Natürlich aber auch darf der Klassiker „Käsespätzle" nicht fehlen.

ZUBEREITUNG

1. Die Zutaten mischen und den Teig schlagen, bis er Blasen wirft. Die Wassermenge hängt stark von der Mehlart ab, deshalb mit 40 ml anfangen und sich hocharbeiten, bis die Konsistenz passt (siehe Video). 15 Minuten ruhen lassen. Salzwasser zum Kochen bringen.
2. Nehmt euch ein Holzbrett, eine Spätzlepresse, einen Spätzlehobel oder ein anderes Spätzle-Herstellgerät. Schabt euch Spätzle in das kochende Wasser. Sobald sie an der Oberfläche schwimmen, sind sie fertig.
3. Wenn ihr Käsespätzle macht, könnt ihr entweder den Käse und die Spätzle bei moderater Hitze in einer Pfanne in etwas Butter oder Butterschmalz garen, bis der Käse Fäden zieht, oder ihr schichtet die heißen Spätzle mit dem Käse abwechselnd in einer Schüssel.
4. Die Käsespätzle mit Röstzwiebeln servieren.

Tipp Mit feinem Mehl wie W700 bzw. 405 oder 550 werden die Spätzle sehr gut. Grobes Mehl, z. B. griffiges, doppelgriffiges (Weizendunst) oder auch Grieß, quillt besser. Ich würde euch empfehlen, mit 2 Teilen feinem und 1 Teil grobem Mehl zu beginnen und euch zum perfekten Spätzleteig vorzuarbeiten.

Spätzle rosso

Mein Lieblingspesto

ZUTATEN

2 Knoblauchzehen
Chilischoten (nach Geschmack)
10 g Parmesan oder Pecorino Romano
40 g Pinienkerne, Cashewkerne oder Mandelstifte
10-15 Blätter Basilikum
110 g getrocknete Tomaten
1-2 EL Rotwein (optional, weil: nichts für Kinder)
1 EL Tomatenmark
125 ml gutes Olivenöl
Salz
Pfeffer

Das ist meine Ausrede, um euch mein Lieblings-Pesto-Rosso-Rezept zu geben. Aber ja, man kann Spätzle auch mit Pesto essen. Man muss halt auf die Pesto-Polizei achtgeben.

ZUBEREITUNG

1. Den Knoblauch schälen, die Chilis putzen, waschen und beides klein hacken.
2. Den Käse reiben und die Kerne, Basilikumblätter und getrockneten Tomaten klein hacken.
3. Entweder mixt ihr alles und schmeckt es dann mit Olivenöl, Salz und Pfeffer ab oder ihr zerkleinert es in einem Mörser.
4. Mit heißen Nudeln oder auf Brot servieren. Oder eben mit Spätzle ... wenn keiner hinschaut.

Eiernockerl

Holzhackerstyle

ZUTATEN

Spätzleteig (S. 44)
Speck
Zwiebeln
Eier
Salz
Pfeffer
Butterschmalz oder Öl zum Braten

Ihr wollt eine schnelle Mahlzeit, seid aber zu faul, um Spätzle zu schaben? Wir in Österreich haben die Antwort darauf: Eiernockerl. Das ist nichts anderes als Spätzle, nur werden die mit dem Löffel ins heiße Wasser „geklatscht".

Dazu ein hoch professionelles How-to-Video:

ZUBEREITUNG

1. Spätzleteig zubereiten und heißes Salzwasser aufkochen.
2. Mit einem Löffel nehmt ihr euch etwas vom Teig und „klatscht" die Nockerl in das heiße Wasser. Diese sollten nach 3–5 Minuten fertig sein und an der Wasseroberfläche schwimmen. Aus dem Wasser holen und abtropfen lassen.
3. Jetzt könnt ihr eigentlich damit machen, was ihr wollt. Ich brate Speck, Zwiebeln und die Nockerl in einer beschichteten Pfanne an und gebe dann die Eier dazu. Das Geheimnis ist, dass die Eier nur mehr mit der Resthitze in der Pfanne gegart werden.
4. Serviert werden Eiernockerl meistens auf oder mit grünem Salat.

Palatschinken

(Oder Pfannkuchen?)

ZUTATEN

150 g Mehl (in Österreich Type W700 glatt, in Deutschland 405)

250–280 ml Milch (Je nach Mehl, der Teig ist tendenziell eher flüssig)

2 Eier (Größe M)

Salz

Zucker (wenn's süß wird)

1 Schluck Mineralwasser (optional)

Öl, Butter oder Butterschmalz zum Braten

35min | 6

Palatschinken sind nicht umsonst so prominent in der mitteleuropäischen Küche vertreten. Aber warum, verdammt, macht man ein Palatschinken-Rezept in ein Kochbuch? Ich glaube, das Potenzial von schnell gemachten Pfannkuchen ist noch nicht zur Gänze ausgeschöpft!

Natürlich lassen sie sich mit allem möglichen Süßen und Herzhaften füllen. Als Beispiel: Schnell gefaltet, sind sie ein perfektes Fingersauberkeit schonendes Vehikel für alles, was so an Essbarem herumliegt.

Trotzdem lassen sie sich theoretisch als schwer illegaler Pizzaboden oder geschnitten als Beilage oder Suppeneinlage verwenden. Ich finde sowieso, dass Palatschinken auch bei uns mehr als Tortillas verwendet werden sollten.

ZUBEREITUNG

1. Alle Zutaten mit 1 Prise Salz mit einem Schneebesen, einer Küchenmaschine oder einer anderen umrührfähigen Apparatur glatt rühren und 15 Minuten ruhen lassen.
2. Portionsweise in eine beschichtete, heiße, leicht gefettete Pfanne geben und durch Schwenken den Teig gleichmäßig verteilen.
3. Von jeder Seite goldbraun backen (keine Sorge – der erste Versuch ist immer der hässlichste).

Tipp

Big-Brain-Move: Zutaten in einem Fitness-Shaker mixen und direkt daraus in die Pfanne portionieren.

Kühlschrankreste-Wrap

Perfekt für To-go

Österreichische Enchiladas

gefüllt mit Kürbis-Chili

ZUTATEN

4-6 Palatschinken

Für das Kürbis-Chili

1 Speisekürbis (ca. 500 g)

500 g faschiertes Schweinefleisch

Schweineschmalz oder Öl zum Braten

1 Zwiebel

1 scharfe Chilischote

1 rote Paprika

1-2 EL geräuchertes Paprikapulver

1 TL Kümmel

200 ml Wasser oder Brühe/Suppe

Salz

Pfeffer

euer Lieblingskäse für einen Überback-Job

Guacamole und Sauerrahm zum Servieren

geriebene Muskatnuss

ca. 400 g Käferbohnen (Dose)

Was habe ich vorher über Tortillas und Palatschinken gesagt?

Für Enchiladas brauchen wir 3 Komponenten: Chili, Tortillas und Käse. Und das in österreichisch! Ich weiß nicht, welche Länder ich damit im Endeffekt beleidige, aber es schmeckt unverschämt gut!

ZUBEREITUNG

1. Den Ofen auf 180 °C (Umluft) vorheizen. Den Kürbis waschen, halbieren und putzen. Im Ofen backen, bis er weich ist (ca. 45 Minuten). Den Ofen auf 200 °C vorheizen.
2. Das Faschierte scharf in einem Topf mit etwas Schmalz anbraten. Währenddessen könnt ihr die Zwiebel schälen, Chili und Paprika putzen und waschen und alles in Würfel schneiden.
3. Das Faschierte aus dem Topf nehmen und die Zwiebel-, Chili- und Paprikawürfel im Bratenrückstand leicht anbraten. Wer mutig ist, kann das Paprikapulver bei niedriger Temperatur kurz mitrösten. Vorsicht: Wenn es verbrennt, wird es sehr bitter. Den Kümmel dazugeben.
4. Alles mit Wasser oder Brühe ablöschen und 20 Minuten köcheln lassen. Danach die Käferbohnen hinzugeben und weitere 5–7 Minuten köcheln lassen. Da ich nicht euer Erziehungsberechtigter bin, kann ich euch nicht verbieten, alles etwas länger zu kochen.
5. Das Kürbisfleisch zerdrücken oder mixen und unterrühren. Das Faschierte wieder dazugeben. Alles mit Salz, Pfeffer und Muskat abschmecken. Das Chili ist fertig!
6. Das abgekühlte Chili in Palatschinken füllen und sie in einer ofenfesten Form platzieren und im heißen Ofen mit Käse überbacken, bis der Käse verläuft und goldbraun wird.
7. Die Enchiladas mit Guacamole und Sauerrahm servieren.

100-Knoblauchzehen-Pasta

Jetzt ist er komplett durchgedreht. Das könnte man sich denken, doch diese Pasta entstand aus einem Experiment. Ich wollte das Geheimnis lüften, wie viel Knoblauch zu viel ist. Spoiler: Es gibt nicht zu viel Knoblauch. Und ja, da sind 100 Zehen Knoblauch drinnen. Aber die Kurzfassung für eine kleinere Portion:

ZUTATEN

Für die Nudeln

100 g Mehl (siehe Video)
1 Ei (Größe M)

Für die Sauce

100 Knoblauchzehen (ca. 9–11 Knollen)
100 ml Pasta-Wasser
75 g Pecorino Romano
etwas Schlagobers
Salz
frisch gemahlener Pfeffer

Zum Servieren

Olivenöl
Pecorino
Abrieb von 1/2 Zitrone

ZUBEREITUNG

1. Den Ofen auf 180 °C (Umluft) vorheizen. Nehmt ein Backblech mit Backpapier drauf und sucht euch eine oder mehrere ofenfeste Formen oder Förmchen, die man umgedreht auf dem Backblech platzieren kann. Darunter kommen dann die ganzen Knoblauchknollen.
2. Die Knollen ca. 45 Minuten im heißen Ofen backen. Dann sollten die Knoblauchzehen sehr weich sein. Man kann sie auch in Backpapier und dann Alufolie einwickeln und backen. Den Trick habe ich von meinen Zuschauern bekommen. Früher habe ich nur Aluminiumfolie verwendet und Aluminiumfolie ist böse.
3. Die Pasta in Salzwasser kochen, bis sie fast gar ist.
4. Die Knoblauchknollen in der Mitte durchschneiden und den weichen Knoblauch in einen Topf oder eine Pfanne pressen.
5. Die Pasta mit Knoblauch, 100 ml Nudelwasser und dem Käse fertiggaren. Alles mit etwas Schlagobers, Salz und schwarzem Pfeffer abschmecken.
6. Die Pasta mit etwas Olivenöl beträufeln und mit frisch geriebenem Pecorino und nach Geschmack mit Zitronenschale bestreut servieren.

In Pie
We Crust

Ich bin kein großer Kuchenbäcker, aber wenn ich meine Gusseisenpfanne benutzen kann und wenig Arbeit mit dem Teig habe, bin ich dabei!

Mürbteig

Der ultimative Multifunktionsteig

ZUTATEN

250 g Mehl
1 Eigelb (Größe M)
Salz
Zucker (wenn's süß wird)
125 g zimmerwarme Butter oder Schweineschmalz

Pies werden klassisch mit Mürbteig gemacht. Deshalb gibt es auch hier ein einfaches Rezept. Es geht aber auch Blätterteig. Ich bin auch immer wieder erstaunt, wie schnell der Teig gemacht ist. Die Menge passt perfekt für eine gusseiserne Pfanne oder eine Pie-Form mit ø 26 cm.

ZUBEREITUNG

1. Eine Kuhle in einen Mehlhaufen drücken, darin Eigelb, 1 Prise Salz, ggf. etwas Zucker und 50 ml Wasser mischen und dann die warme Butter einkneten. Ich meine, ihr könnt auch alles in einem Multizerkleinerer durchmixen. Ist einfacher.
2. Eine Scheibe formen und in Frischhaltefolie einwickeln. Jetzt muss der Teig mindestens 30 Minuten im Kühlschrank rasten.

Meatpie

mit Whisky, Zwiebeln, Bier & Cheddar

ZUTATEN

500 g Zwiebeln, 2 Karotten
3 Knoblauchzehen
600 g Rinderbrust (oder anderes Siedefleisch)
Butterschmalz oder Öl zum Anbraten
1 EL Tomatenmark
1 EL Mehl
4 cl rauchiger Whisky (nichts für Kinder)
500 ml Schwarzbier (ein süßeres, trinkbares. Nichts für Kinder)
1 Lorbeerblatt
2–3 Zweige Thymian
Salz, Pfeffer
Honig zum Abschmecken (alternativ Ahornsirup oder Zucker)
Stärke-Wasser-Gemisch (50:50, bei Bedarf)
Butter und Mehl für die Form
1 Portion Mürbteig (S. 60)
200 g geriebener Cheddar
1 Ei zum Bestreichen

Das ist der ultimative Traum für Deftigesser. Das Beste, was dieser Planet zu bieten hat, findet hier ein Zuhause. Fleisch, Zwiebel, Bier, Whisky und Käse! (Vielleicht hab ich ein Problem.)

ZUBEREITUNG

1. Die Zwiebeln schälen und in Streifen schneiden, die Karotten schälen und würfeln. Den Knoblauch schälen und pressen.
2. Die Rinderbrust in grobe Würfel schneiden und in ordentlich Butterschmalz scharf anbraten. Das Fleisch herausnehmen und Zwiebeln und Karotten im Bratenrückstand anbraten. Das Tomatenmark dazugeben und mitrösten.
3. Das Mehl 3–4 Minuten mit dem Gemüse anschwitzen und mit Whisky und Schwarzbier ablöschen. Merke: Wenn das Bier nicht gut schmeckt, schmeckt auch das Gericht nicht gut.
4. Knoblauch, Lorbeer und Thymian dazugeben und alles für 2–3 Stunden köcheln lassen, oder bis das Fleisch weich ist. Am Ende alles mit Salz, Pfeffer und etwas Honig abschmecken. Die Konsistenz sollte etwas dicker sein, deshalb könnt ihr das am Ende mit einem Wasser-Stärke-Gemisch noch etwas andicken.
5. Die Pie-Form einfetten und mit etwas Mehl ausstäuben. Den Ofen auf 200 °C (Ober-/Unterhitze) vorheizen.
6. Den kalten Mürbteig ausrollen, sodass er in die Form passt und sich dann noch ein Deckel ausgeht. Den Boden in die Form geben, Füllung rein, Cheddar verteilen und Deckel drauf. Vergesst nicht, ein paar Öffnungen hineinzumachen, damit der Dampf austreten kann.
7. Den Deckel mit dem verquirlten Ei bestreichen und den Pie 20–30 Minuten im heißen Ofen (Mitte) backen. Er sollte schön goldgelb sein!

Jeder Fruit Pie

überhaupt

ZUTATEN

Obst (Äpfel, Birnen, Marillen, Pfirsiche, Beeren etc., ca. 1 kg, aber das ist sehr abhängig von der Sorte)

Zucker (nach Geschmack)

2 Nelken

½ TL gemahlener Zimt

Saft und Abrieb von ½ Bio-Zitrone

etwas Stärke-Wasser-Gemisch (50:50)

Butter und Mehl für die Form

1 Portion Mürbteig (S. 60)

1 Ei (Größe M) zum Bestreichen

Kennt ihr das? Ihr habt einen Haufen Äpfel oder anderes Obst und wisst nicht, was ihr damit tun sollt? Ich habe die Lösung für euch! Resteverwertung und Rettung von altem Obst lässt euch ruhiger schlafen, in dem Wissen, etwas Gutes getan zu haben.

ZUBEREITUNG

1. Das Obst schälen und putzen. Bei niedriger Hitze in einem Topf kochen, bis es weich ist. Ihr braucht keine extra Flüssigkeit, die aus dem Obst sollte reichen.
2. Zucker, Nelken, Zimt und Zitronensaft nach Geschmack dazugeben und alles mit dem Stärke-Wasser-Gemisch eindicken.
3. Die Pie-Form fetten und mit etwas Mehl ausstäuben. Den Ofen auf 200 °C (Ober-/Unterhitze) vorheizen.
4. Den kalten Mürbteig ausrollen, sodass er in die Form passt und sich dann noch ein Deckel ausgeht.
5. Den Boden in die Form geben, Füllung rein und den Deckel drauf. Vergesst nicht, ein paar Öffnungen hineinzumachen, damit der Dampf austreten kann.
6. Den Deckel mit einem verquirlten Ei bestreichen und den Pie im heißen Ofen (Mitte) für 20–30 Minuten backen. Er sollte schön goldgelb sein!

Tarte Tatin

mit Ananas

ZUTATEN

2 Portionen Mürbteig (S. 60)
1-2 EL Butter
1 EL Zucker
ca. 1 Ananasscheiben (wenn möglich, frisch)

Im Zwiebelrostbraten-Video mache ich besagte Zwiebel-Tarte-Tatin.

Tarte Tatin ist die absolut einfachste Art, einen Kuchen zu backen. Man nimmt irgendwas, karamellisiert es in einer Pfanne, gibt einen Mürbteigdeckel drauf und backt es. Easy peasy! Die Ananas ist stellvertretend für viele Dinge, die man stattdessen nehmen kann. Klassisch verwendet man Apfel oder auch andere Früchte. Auch „Zwiebel-Tarte-Tatin" gibt es.

ZUBEREITUNG

1. Den gekühlten Mürbteig ausrollen und einen Kreis ausschneiden, der etwa die Form eurer Pfanne haben sollte. Die Pfanne MUSS ofenfest sein und einen hitzebeständigen Griff haben.
2. Den Ofen auf 190 °C (Ober-/Unterhitze) vorheizen.
3. Die Butter in einer Pfanne bei mittlerer Hitze schmelzen und den Zucker dazugeben. Man kann natürlich auch den Zucker vorher karamellisieren und dann die Butter dazugeben. Für mich persönlich ist es umgekehrt einfacher.
4. In dem Zucker-Butter-Gemisch werden die Ananasscheiben für 5–10 Minuten leicht „ankaramellisiert".
5. Die Pfanne von der Hitze nehmen und die Mürbteigscheibe darauflegen. Stecht auch ein paar Löcher rein, damit der Dampf entweichen kann.
6. Alles für ca. 30 Minuten im heißen Ofen (Mitte) backen.

Serviervorschlag:
Mit Rum-Tee

Tarte Tatin

mit Candy Bacon

ZUTATEN

2 Portionen Mürbteig (S. 60)
1–2 EL Butter
2 EL Ahornsirup
4–5 dicke Scheiben Speck
Rosmarinnadeln (nach Geschmack)
frisch gemahlener Pfeffer

Speck mit Zucker und Zimt gibt es ja schon ewig. Speck und Pfeffer gepaart mit der Ahornsirup-Rosmarin-Kombination ist einfach der Burner. Außerdem passt sie überall dazu! Ob als Vorspeise, Beilage oder Nachspeise. Vor allem bei einer Grillerei ist ein kleiner süßer Speckkuchen immer ein Hingucker.

ZUBEREITUNG

1. Den gekühlten Mürbteig ausrollen und einen Kreis ausschneiden, der ungefähr die Form eurer Pfanne haben sollte. Die Pfanne MUSS ofenfest sein und einen hitzebeständigen Griff haben.
2. Den Ofen auf 190 °C (Ober-/Unterhitze) vorheizen.
3. Die Butter in einer Pfanne bei mittlerer Hitze schmelzen und den Ahornsirup dazugeben.
4. Die Speckscheiben im Ahornsirup-Butter-Gemisch etwas anbraten. Mit frischem Rosmarin und Pfeffer würzen.
5. Die Pfanne von der Hitze nehmen und die Mürbteigscheibe darauflegen. Stecht auch ein paar Löcher rein, damit der Dampf entweichen kann.
6. Nun alles für ca. 30 Minuten im heißen Ofen (Mitte) backen.

Bacon Strips!
Bacon Strips!
Bacon Strips!
Bacon Strips!
Bacon Strips!

Seite 69 - Meine
Lieblingsseite

Schweizer-Taschen-Brioche-Teig

Kosteneffizient, selbst gemacht und sehr variabel. Einen Briocheteig in der Hinterhand zu haben, hat seine Vorteile!

Der Grundteig ist auch der für meine einfachen Burger Buns. Backmalz ist zwar optional, gibt dem Germ aber noch leichter verwertbare Nährstoffe. Die Triebkraft und die Teigbeschaffenheit werden besser.

Der Teig ist bei den kommenden Rezepten immer der gleiche, lediglich der Salz- und Zuckeranteil ändert sich und die Machart ist etwas anders.

Zum Burger-Bun-Video

Hotdog Buns

Die wirtschaftliche & einfache Variante

ZUTATEN

Für den Teig

500 g Mehl (in Österreich W700 glatt, in Deutschland 550)
250 ml warme Milch
1 Ei (Größe L)
1 Pck. Trockengerm (7 g) oder ½ Würfel frischer Germ (ca. 21 g)
¾ EL Salz
2 EL Zucker
2 EL zimmerwarme Butter
1 EL Backmalz (optional)
1 Ei (Größe S) zum Bestreichen

Für den Belag

Frankfurter Würstchen
dänischer Senf
dänischer Gurkensalat
dänische Remoulade
Ketchup
Röstzwiebeln
einen dänischen Kumpel, der euch die Sachen besorgt

Ich habe Hotdogs neu kennengelernt. Dänische Hotdogs sind, zu meinem Erstaunen, eine kulinarische Erleuchtung gewesen. Wie ihr eure Hotdogs belegt, ist ganz euch überlassen. Aber versucht mal dänische. Quelle: Vertraut mir.

ZUBEREITUNG

1. Zutaten für den Teig mit dem Knethaken für ca. 7–10 Minuten in einer Küchenmaschine kneten. Das geht auch mit der Hand, ist halt anstrengend. Der Teig sollte geschmeidig sein.
2. Den Teig an einem warmen Ort gehen lassen, und zwar so lange, bis er sich in der Größe fast verdoppelt hat.
3. Den Teig auf eine bemehlte Oberfläche geben, etwas durchkneten, 90–110 g schwere Teigkugeln formen und diese für ca. 15 Minuten abgedeckt ruhen lassen.
4. Die Teigkugeln ausrollen und längliche Brötchen formen. (Das Video vom Imbissweckerlbrot auf S. 36 ist dabei ein guter Anhaltspunkt.)
5. Die Brötchen abgedeckt auf einem mit Backpapier ausgelegten Backblech ruhen lassen, bis sie etwa um ein Viertel größer geworden sind. Den Ofen auf 180 °C (Umluft) vorheizen.
6. Mit einem verquirlten Ei bestreichen und für 15–17 Minuten im heißen Ofen (Mitte) backen.
7. Nach Belieben belegen.

Buchteln

mit eurer Lieblingsfüllung

ZUTATEN

Für den Teig

500 g Mehl (in Österreich W700 glatt, in Deutschland 550), plus etwas mehr für die Form

250 ml warme Milch

1 Ei (Größe L)

1 Ei (Größe S) zum Bestreichen

1 Pck. Trockengerm (7 g) oder ½ Würfel frischer Germ (ca. 21 g)

2 EL Zucker (Oder mehr. Wie ihr wollt. Ich bin nicht von der Buchtelpolizei.)

2 EL zimmerwarme Butter, plus etwas mehr für die Form

1 EL Backmalz (optional)

Salz

Außerdem

Vanillesauce (siehe Video)

Konfitüre zum Füllen (Powidl, Marille oder was euch schmeckt)

Staubzucker zum Bestreuen

Da sind wir nun im süßen Bereich. Der Teig ist derselbe, nur dass wir aus dem ¾ EL Salz 1 Prise machen. Ein, für mich, einfaches und echt gutes Dessert und ein Klassiker in der österreichischen Küche. Ihr könnt sie pur essen, aber auch mit Marmelade füllen oder Vanillesauce drübergeben. Ein Vanillesaucen-Rezept habe ich schon in einem Video gemacht.

ZUBEREITUNG

1. Alle Zutaten für den Teig und 1 Prise Salz mit den Knethaken einer Küchenmaschine für 7–10 Minuten zusammenkneten.
2. Den Teig an einem warmen Ort gehen lassen, bis sich die Größe fast verdoppelt hat.
3. Den Teig auf eine bemehlte Oberfläche geben, etwas durchkneten und 90–110 g schwere Teigkugeln formen. Die Teigkugeln dann in eine eingefettete und bemehlte Ofenform geben und gehen lassen, bis sie sichtlich größer geworden sind. Den Ofen auf 180 °C (Umluft) vorheizen.
4. Mit verquirltem Ei bestreichen und die Buchteln im heißen Ofen (Mitte) für ca. 35 Minuten backen.
5. Ihr könnt die Buchteln vor dem Backen mit Konfitüre füllen oder dann im kalten Zustand mit einem Spritzbeutel.

SCHWEIZER-TASCHEN-BRIOCHE-TEIG

Germknödel

mit Vanillesauce

ZUTATEN

Für den Teig

500 g Mehl (in Österreich W700 glatt, in Deutschland 550), plus etwas mehr für die Form

250 ml warme Milch

1 Ei (Größe L)

1 Ei (Größe S) zum Bestreichen

1 Pck. Trockengerm (7 g) oder 1/2 Würfel frischer Germ (ca. 21 g)

Salz

2 EL Zucker

2 EL zimmerwarme Butter, plus etwas mehr für die Form

1 EL Backmalz (optional)

Außerdem

Powidl zum Füllen

Vanillesauce (siehe Video S. 74) oder geschmolzene Butter

Staubzucker und gemahlener Mohn

Eigentlich ist es eine Schande, dass auf meinem YouTube-Kanal noch kein Germknödel-Rezept zu finden ist. Wahrscheinlich, weil es so einfach ist und das ganze Rezept in 2 Minuten abgehandelt wäre. Germknödel Troubleshooting: Sollte euch der Germknödel zusammenfallen, ist er noch nicht durch.

ZUBEREITUNG

1. Alle Zutaten für den Teig mit den Knethaken einer Küchenmaschine für 7–10 Minuten zusammenkneten. (Ich habe ein Déjà-vu.)

2. Den Teig an einem warmen Ort gehen lassen, bis sich die Größe fast verdoppelt hat.

3. Den Teig auf eine bemehlte Oberfläche geben, ordentlich durchkneten und 90–110 g schwere Teigkugeln formen. Lasst die Teigkugeln abgedeckt für ca. 15 Minuten ruhen, bevor ihr daraus runde Scheiben formt.

4. Die Teigscheiben mit Powidl füllen, die Ränder mit etwas Wasser bestreichen und die Scheiben verschließen, sodass daraus wieder Kugeln werden.

5. Wasser in einem Topf mit Dämpfaufsatz zum Kochen bringen und den Aufsatz einfetten.

   Die Germknödel in den Aufsatz legen und bei geschlossenem Deckel für 20–25 Minuten dämpfen. Hebt den Deckel nicht hoch! Sonst fallen sie euch zusammen. Falls euer Deckel wegen des Drucks zu „eskalieren“ beginnt, schaltet die Hitze etwas runter.

6. Serviert die Germknödel mit geschmolzener Butter oder Vanillesauce und einer Mohn-Staubzucker-Mischung.

Toastbrot

Fast'n'Easy

ZUTATEN

500 g Mehl (in Österreich W700 glatt, in Deutschland 550), plus etwas mehr für die Form

250 ml warme Milch

1 Ei (Größe L)

1 Ei (Größe S) zum Bestreichen

1 Pck. Trockengerm (7 g) oder 1/2 Würfel frischer Germ (ca. 21 g)

3/4 EL Salz

2 EL Zucker

2 EL zimmerwarme Butter, plus etwas mehr für die Form

1 EL Backmalz (optional)

Toastbrot, das nicht nach Zeitungspapier oder Verpackungsmaterial schmeckt, lässt sich auch aus diesem Universalteig herstellen. Ein guter Tipp, den ich geben kann, ist ein Rezept für selbst gemachtes „Panko“. Das sind japanische Panierbrösel, die nicht gebacken, sondern direkt mit elektrischem Strom erhitzt werden. Die Brösel sind größer, länglicher und porös, was für eine leichtere und knusprigere Kruste sorgt. Da auch die Brotkruste fehlt, sind sie heller. Der Trick, um sie selber zu machen, ist, das Toastbrot zuerst zu häckseln und dann erst zu trocknen. Dazu später mehr.

ZUBEREITUNG

1. Alle Zutaten mischen und daraus 7–10 Minuten lang einen geschmeidigen Teig in einer Küchenmaschine kneten.
2. Den Teig an einem warmen Ort ruhen lassen, bis er sich fast verdoppelt hat.
3. Auf eine bemehlte Arbeitsfläche geben, etwas durchkneten und eine Kugel formen, die dann 15 Minuten ruhen darf.
4. Den Teig zu einem Rechteck ausrollen und wie bei den Hotdog-Buns eine Rolle formen. Diese in eine gefettete und bemehlte Kastenform (ungefähr 26 x 12 x 8 cm) geben und nochmal abgedeckt ruhen lassen, bis sie sichtlich größer geworden ist. Den Ofen auf 160 °C (Umluft) vorheizen.
5. Optional könnt ihr das Toastbrot mit einem verquirlten Ei bestreichen, bevor ihr alles im heißen Ofen (Mitte) für ca. 35 Minuten backt. Vor dem Verzehr solltet ihr das Brot komplett auskühlen lassen.
6. Wenn ihr daraus Panko machen wollt, schneidet die Kruste ab, zerkleinert das Brot in einer Küchenmaschine und backt die Brösel auf einem Backblech bei 150 °C (Umluft) 7–10 Minuten oder bis sie staubtrocken sind.

SCHWEIZER-TASCHEN-BRIOCHE-TEIG

Thanks a brunch!

Hangover-Rezepte

Am letzten Abend etwas übernommen? Kann passieren! Man wird am nächsten Morgen sowieso von seinem Körper daran erinnert, dass es ein Fehler war. Leider gibt es kein Wundermittel für einen Kater, aber ein paar Tipps von mir, um es einfacher zu machen.

Warnung: Ich bin kein Arzt. Dies ist keine professionelle Ernährungsberatung. Ich denke, die Candy-Bacon-Tarte-Tatin hat das klargemacht.

Reparatur-Seidl / Krügerl

oder Konterbier

ZUTATEN

1 Bier der Wahl
in 0,3 l oder 0,5 l

Tipp Nummer 1: Sauf net!

Tipp Nummer 2: Reparatur-Seidl

ZUBEREITUNG

1. Aus dem Kühlschrank nehmen, weil's eh scho Wurscht is.
2. Es wieder zurückstellen und dir schwören, dass du nie mehr Alkohol trinkst.

Die richtige „Restfett-Medikation" beinhaltet das Wiederauffüllen von B-Vitaminen, weil die durch Alkoholkonsum schneller verbraucht werden. Dass man sehr viel Wasser und damit auch Elektrolyte verliert, ist auch kein Geheimnis. Magnesium kann da Abhilfe schaffen! Vitamin C wird für vieles im Körper verwendet. Es hilft im Kampf gegen den Kater bei der Entgiftung. Das alles werden wir bei den folgenden Brunch-Rezepten berücksichtigen.

Außerdem habe ich die Rezepte getestet. Also an einem Abend, an dem wir sehr viele Rezepte des Buches abfotografierten, hatte ich vielleicht ein, zwei Getränke zu viel. Vielleicht … Dafür konnte ich die Rezepte gleich auf Herz und Leber testen!

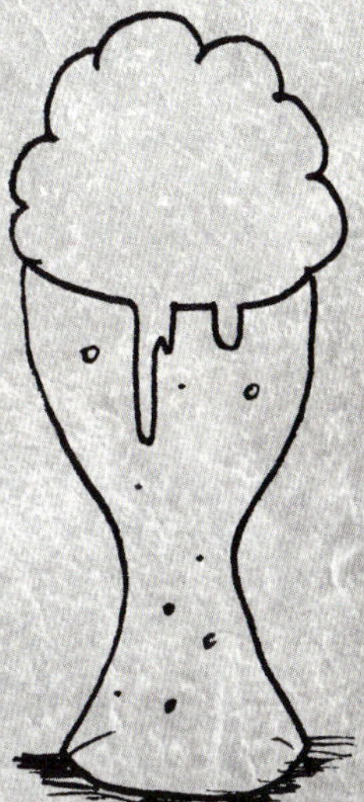

Hangover Deluxe

(Fancy Eggs Benedict)

ZUTATEN

1 Ei (Größe M)
Sauce hollandaise (siehe Video)
feiner Abrieb von 1 Bio-Zitrone
150 g Lachsfilet
Salz
Olivenöl zum Braten
Walnusskerne (nach Belieben)
1 Scheibe Vollkornbrot
½ Avocado

Das ist ein perfektes Katerfrühstück, zumindest, was die Ernährung betrifft. Magnesium kommt vom Vollkornbrot, dem Lachs, der Avocado, den Walnüssen und dem Ei. Vitamin B steckt ebenfalls in der Avocado und dem Vollkornbrot. Was ich nicht wusste, ist, dass die Schale der Zitrone einen sehr hohen Vitamin-C-Gehalt aufweist. Sieht fast so aus, als hätte ich mir da was überlegt.

Wie man Hollandaise und pochierte Eier macht, habe ich schon in einem Video gezeigt.

Auch Lachs habe ich schon in einem Video gebraten.

ZUBEREITUNG

1. Ei pochieren, Hollandaise machen, diese mit Zitronenschale abschmecken und alles warm stellen.
2. Den gesalzenen Lachs bei mittlerer Hitze auf der Hautseite in Olivenöl in einer Pfanne anbraten, bis die Haut knusprig ist. Das kann etwas dauern, der Lachs sollte vor dem Wenden schon fast gar sein. Wenden und fertiggaren.
3. Die Walnüsse grob hacken und ohne Fett etwas anrösten.
4. Vollkornbrot mit Avocadoscheiben, Lachs, Walnüssen und Hollandaise anrichten.
5. Wenn du Eier pochieren und Hollandaise aufschlagen kannst, kann der Hangover nicht so schlimm gewesen sein.

„Warst gestern fett?“

MäckMuffin

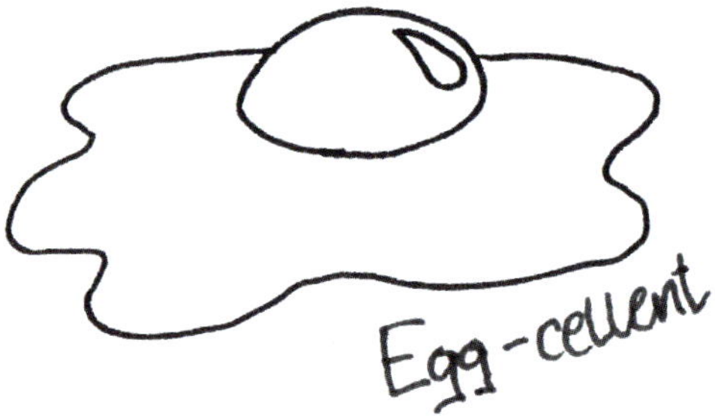

ZUTATEN

Für das „Sausage Patty“

½ TL Fenchelsamen
2 Salbeiblätter
1 kleiner Apfel
100 g faschiertes Schweinefleisch (kann aber auch 50:50 sein)
Salz

Außerdem

Gorgonzola
English Muffins oder Toasties (siehe Video)
1 Ei
geröstete Kürbiskerne
Hummus (siehe Video)

Kürbiskerne und Kichererbsen sind tolle Magnesium-Lieferanten. Der MVP ist aber Gorgonzola, der sehr viel Vitamin B2 enthält. Also, da kann ja nichts mehr schiefgehen. English Muffins zum Frühstück sind immer eine gute Idee!

Es gibt ein Video. Dort findet ihr auch ein sehr einfaches Hummus-Rezept.

ZUBEREITUNG

1. Für die Pattys die Fenchelsamen grob zerstoßen, Salbei klein hacken, den Apfel waschen und mit der groben Seite einer Vierkantreibe reiben. Alles mit dem Faschierten vermischen.
2. Die Pattys salzen, scharf anbraten, Gorgonzola daraufbröseln und mithilfe eines Deckels in der Pfanne schmelzen lassen.
3. Die Pattys herausnehmen und die English Muffins im Pfannenrückstand antoasten.
4. Ein Spiegelei braten, am besten in einer metallenen Ringform (zwecks der Optik). Salzen nicht vergessen.
5. Stellt euren MäckMuffin zusammen, und wenn ihr keine Angst vor der Rache einer übergeordneten Macht habt, gebt Ketchup drauf.

Tonkatsu

Schnitzel mit Ketchup für Erwachsene

ZUTATEN

Für die Beilagen

1/4 Krautkopf
Salz
Zitronensaft
Reis

Für das Fleisch

Öl zum Frittieren
Mehl
1 Ei (Größe M)
Panko (siehe S. 78)
1 Schweinerückensteak

Für eine schnelle Tonkatsu-Sauce

4 EL Tomatenmark
5 EL Essig
6 EL Wasser
2 EL Zucker
ca. 1/2 EL Salz
1 Nelke
3 EL Worcestersauce
2 EL Sojasauce
etwas Senf

Als Verbrechen gegen alle Schnitzelkonventionen könnte man Tonkatsu bezeichnen. Trotzdem schmeckt es hervorragend. Manchmal möchte man ein schön saftiges, dickes Schweinerückensteak mit einer extrem knusprigen Panier. Zumindest hab ich nach einer Nacht mit etwas zu viel Bier das Verlangen danach. Da kommen so schlimme Gedanken wie Schnitzel mit Ketchup. Das kann man in diesem Gericht ausleben.

ZUBEREITUNG

1. Den Krautkopf waschen und in feine Streifen schneiden. Man kann ihn roh lassen, ich knete ihn aber gerne mit etwas Salz durch und gebe etwas Zitronensaft dazu.
2. Kocht euch Reis. Ihr könnt den natürlich mit Sushi-Essig würzen, wenn ihr wollt.
3. Für die Tonkatsu-Sauce einfach alle Zutaten in einem Topf mischen und aufkochen. Die Nelke nach 2–3 Minuten herausnehmen und alles für 10–15 Minuten dahinköcheln lassen. Die Sauce könnt ihr bis zur weiteren Benutzung kalt stellen.
4. Öl in einem tiefen Topf erhitzen. So viel, dass euer Schweinerückensteak darin schwimmen kann. Ein Wok ist für diesen Auftrag perfekt. Das Öl sollte um die 175 °C haben.
5. Macht euch eine Panierstraße mit Mehl, 1 verquirlten Ei und Panko-Bröseln bereit und paniert euer Fleisch.
6. Das Schweinerückensteak goldgelb im Fett herausbacken. Die Garstufe sollte 65 °C sein. Wenn ihr ein dickeres Stück habt, könnt ihr es im Ofen bei 110 °C (Umluft) nachziehen lassen. Mit einem Küchenpapier das überschüssige Fett abtupfen.
7. Serviert das Tonkatsu mit Kraut, Reis und Sauce.
8. Erzählt niemandem, dass ihr das gegessen habt und gut findet.

Steak Melt

mit Rotweinzwiebeln

Testergebnis: ★★★★★
Steak geht immer!

ZUTATEN

Für die Rotweinzwiebeln

2 Zwiebeln
1 EL Butter
110 ml Rotwein (nichts für Kinder)
1–2 EL brauner Zucker
1 TL frischer Thymian
Salz
frisch gemahlener Pfeffer

Für das Steak Melt

Steak eurer Wahl (Mein Favorit ist Beirid)
2 Scheiben Toastbrot (S. 78)
Butter
Gruyère (oder ein anderer Käse)

Hier gibt es nicht viel zu sagen, denn Steak und Käse in Toast bringen dich nicht nur aus einem Hangover, sondern aus so ziemlich alle schlechten Lebenslagen. Wenn sich wer fragt, was der Unterschied zwischen einem Grilled Cheese und einem Melt ist: Bei einem Melt ist zusätzlich was dabei, um den Käse geschmackstechnisch zu unterstützen.

ZUBEREITUNG

1. Für die Rotweinzwiebeln die Zwiebeln schälen, in Streifen schneiden und mit der Butter in einem Topf für ca. 15 Minuten glasig dünsten.
2. Wein und Zucker dazugeben, dann mit dem Thymian etwas einkochen lassen. Mit Salz und Pfeffer abschmecken.
3. Bratet euer Steak nach Belieben und rechnet ein, dass es noch etwas unter eurer bevorzugten Garstufe sein sollte.
4. Die Außenseiten der Toastscheiben mit Butter bestreichen, damit ihr die Scheiben später anrösten könnt.
5. Steak, Käse und Rotweinzwiebeln zwischen die Scheiben geben und das Sandwich von beiden Seiten in einer Pfanne braten, bis der Käse geschmolzen ist.

kSk

Erdäpfelteig-Quickies

Erdäpfel sind eine unglaublich vielseitige Zutat. Aber auch der Erdäpfelteig lässt sich für viele Dinge verwenden.

Universal-Erdäpfelteig,

der hier zu Gnocchi wird

ZUTATEN

pro Person 250 ml Erdäpfel, gestampft oder gepresst (im Messbecher oder einem Glas gemessen)

davon 1/3 Mehl (im Volumen)

1/2 verquirltes Ei (Größe M) oder ein Eigelb

In meinem Haushalt passiert es sehr oft, dass ein paar schicksalslose Erdäpfel übrig bleiben, und für die werden wir eine neue Bestimmung finden. Für die Gnocchi verwende ich den Universal-Erdäpfelteig.

Dazu gibt's auch ein Video!

Der Grundteig ist sehr easy. Ich gebe die Angaben in Volumen an, da die Fehlerquote beim Ausmessen mit der Waage sehr hoch war.

ERDÄPFELTEIG-QUICKIES

Lamm-Ragout

mit besagten Gnocchi

ZUTATEN

Gnocchi (S. 94)
1 Karotte
2 Zwiebeln
1 Stange Sellerie
400 g faschiertes Lammfleisch
1 Zweig Rosmarin
2 EL Olivenöl
Butterschmalz oder Butter
50 ml Aceto balsamico
250 ml Rotwein (nichts für Kinder)
400 g gehackte Fleischtomaten oder 1 Dose stückige
2 Lorbeerblätter
Salz
Parmesan und Rosmarin oder Petersilie zum Servieren

Im Repertoire eines Koches dürfen alle möglichen Formen eines Ragouts nicht fehlen. Die Lammvariante ist durch den Balsamico und das Fleisch sehr kräftig und harmoniert super mit den Gnocchi.

ZUBEREITUNG

1. Gnocchi machen, wie im Video beschrieben.
2. Die Karotte schälen und reiben, die Zwiebeln schälen und würfeln, den Sellerie waschen, putzen und fein würfeln.
3. Das Lammfleisch mit dem Rosmarinzweig in Olivenöl anbraten. Währenddessen das Gemüse in Butter anschwitzen. Das wird unser Sofrito.
4. Das angebratene Lammfleisch mit dem Balsamico und dem Rotwein ablöschen und die Tomaten und das Sofrito dazugeben. Alles mit den Lorbeerblättern etwa 2 Stunden köcheln lassen. Sollte das Ragout zu trocken werden, muss etwas Wasser hinzugegeben werden.
5. Nun die Sauce mit Salz abschmecken und anschließend mit den Gnocchi vermischen.
6. Nach Geschmack mit Parmesan und, wenn ihr mögt, Rosmarin oder Petersilie servieren.

Mohnnudeln

(oder Schupfnudeln)

ZUTATEN

Erdäpfelteig (S. 94)

Butter zum Braten

gemahlener Mohn und Staubzucker

So formst du Kartoffelteig ↗

Ich könnte mich hier unbeliebt machen, aber vielleicht (nur vielleicht) sind Gnocchi und Schupfnudeln so ziemlich dasselbe. Ich weiß, es ist merkwürdig, ein Rezept in ein Kochbuch zu schreiben, nur um zu provozieren. Natürlich ist das nicht so. Zumindest nicht ganz. Es ist nur schön zu wissen, dass, wenn man Gnocchi macht, man gleich die Nachspeise dazu machen kann.

ZUBEREITUNG

1. Den Teig zu Schupfnudeln formen und sie ca. 5 Minuten in heißem Wasser kochen oder bis sie oben schwimmen.
2. Die Schupfnudeln anbraten oder auch nicht. Ich urteile nicht über eure Nudelvorlieben.
3. Mohn und Staubzucker vermischen und die Schupfnudeln darin wälzen.
4. Vanillesauce ist illegal.

Marillen-/Zwetschgenknödel

mit Erdäpfelteig

ZUTATEN

3-4 reife Marillen oder Zwetschgen

3-4 Würfelzucker

Erdäpfelteig (S. 94, die angegebene Menge vom ersten Rezept reicht für 3–4 Knödel)

10 g Butter

10 g Semmelbrösel

Staubzucker

Der ewige Streit zwischen Topfenteig und Erdäpfelteig. Fakt: Es ist beides sehr gut. Wie schon erwähnt, passiert es mir doch öfter, dass Erdäpfel übrig bleiben. Topfen überlebt bei mir aber nicht sehr lange. So wird aus Erdäpfeln ein sehr bodenständiges Dessert.

ZUBEREITUNG

1. Die Früchte waschen und entsteinen.
2. Je 1 Würfelzucker in die entsteinten Früchte geben und diese mit dem Teig umwickeln. Ihr könnt den Erdäpfelteig auch etwas zuckern, wenn ihr mögt.
3. Die Knödel im siedenden Wasser für ca. 15 Minuten kochen.
4. Währenddessen die Butter in einer Pfanne schmelzen und die Brösel bei mittlerer Hitze so lange anbraten, bis sie schön braun geworden sind.
5. Die fertigen Knödel werden dann durch die Brösel gerollt und mit Staubzucker serviert.

Die Knödel-Trilogie

Grammelknödel

ZUTATEN

1 kleine Zwiebel

2 Knoblauchzehen

300 g Grammeln/Grieben

Salz

Erdäpfelteig (S. 94, die angegebene Menge vom ersten Rezept recht für 3–4 Knödel)

Optional

70 g Pinienkerne

Zitronenthymian

Was wäre eine gute Trilogie, um Knödel zu vergleichen? Natürlich Star Wars! Wenn Knödel die originale Star-Wars-Trilogie wären, wären Grammelknödel der erste Teil. Ein absoluter Klassiker, den man sich immer wieder geben kann, ohne enttäuscht zu werden.

ZUBEREITUNG

1. Die Zwiebel schälen und fein hacken, den Knoblauch schälen und durchpressen oder ebenfalls fein hacken.
2. Die Grammeln in eine trockene, kalte Pfanne geben und langsam warm werden lassen.
3. Die Grammeln lassen genug Fett aus, um dann darin die Zwiebeln und den Knoblauch etwas anzudünsten.
4. Nach Belieben Pinienkerne und Zitronenthymian dazugeben und alles etwas anbraten.
5. Die Grammeln auskühlen lassen und mit Salz abschmecken.
6. Den Erdäpfelteig mit den Grammeln füllen und die Knödel für 15–20 Minuten in siedendem Wasser kochen.

Die Knödel-Trilogie

Selchfleischknödel

ZUTATEN

300 g Selchfleisch oder Kasseler

1 Zwiebel

Öl oder Butterschmalz

Majoran

Erdäpfelteig (S. 94, die angegebene Menge vom ersten Rezept recht für 3–4 Knödel)

Optional

Knoblauch

Bergkäse

Eine würdige Fortsetzung. Man ist sich einig: Es fast gibt keine Sauce, zu der Selchfleischknödel nicht passen würden. Außerdem kann man das Rezept sehr flexibel abwandeln. Der Selchfleischknödel schlägt mit vollem Geschmack zurück!

ZUBEREITUNG

1. Das Selchfleisch zerkleinern. Ob ihr das grob mit einem Messer macht oder feiner mit einer Küchenmaschine, ist euch überlassen.
2. Die Zwiebel schälen, in feine Würfel schneiden und mit dem Fleisch in einer Pfanne anbraten. Auch hier bestimmt ihr, wie viele Röstaromen ihr da haben wollt.
3. Alles mit Majoran, Knoblauch und (wenn ihr hart seid) etwas Bergkäse abschmecken.
4. Den Erdäpfelteig mit dem Fleisch füllen und die Knödel für 15–20 Minuten in siedendem Wasser kochen.

Die Knödel-Trilogie

„Speck"-Kraut-Knödel

ZUTATEN

1 Zwiebel
250 g geräucherter Tofu
Öl zum Braten
250 g Rotkraut
1 Schuss Sojasauce
Salz
Erdäpfelteig (S. 94, die angegebene Menge vom ersten Rezept reicht für 3–4 Knödel)

Der letzte Teil der Trilogie, der etwas abwegig klingt, aber im Endeffekt gut schmeckt. Und auch wenn es Kritik gibt, gehört er dazu und bringt die nötige Abwechslung. Das Rezept wurde schon von Veganern und auch Fleischessern für gut befunden.

ZUBEREITUNG

1. Die Zwiebel schälen und fein würfeln.
2. Den Tofu in feine Würfel schneiden und mit Öl in einer Pfanne scharf anbraten. Es ist wichtig, dass der Tofu schön knusprig ist.
3. Den Tofu herausnehmen und das Kraut und die Zwiebeln in die Pfanne geben.
4. Alles anbraten, mit etwas Sojasauce ablöschen und alles bei mittlerer Hitze mit geschlossenem Deckel dünsten, bis das Kraut weich ist.
5. Den Tofu unter die Krautmasse heben und gegebenenfalls mit Salz abschmecken.
6. Füllt den Erdäpfelteig mit den Grammeln und lasst die Knödel für ca. 15-20 Minuten in siedendem Wasser kochen.

Erdäpfeltaler

Top-Resteverwertung

ZUTATEN

Erdäpfelteig (S. 94)

Reste wie Schinken, Käse und/oder Gemüse (in diesem Beispiel: Feta und Spinat)

Öl oder Butterschmalz zum Braten

Salat und Sauerrahm zum Servieren (nach Belieben)

Natürlich kann Erdäpfelteig auch gefüllt und gebraten werden. Die Kategorie „Resteverwertung" bekommt hier neue Dimensionen. Man nimmt einfach ALLES, was man grad so im Kühlschrank hat, gibt es in den Teig und brät es. Es gibt Gerüchte, dass ich mal Reste von chinesischem Lieferessen in einem Erdäpfeltaler verbaut habe. Das sind aber nur Gerüchte. Ich schwöre.

ZUBEREITUNG

1. Richtet euch eure Füllung zurecht. Also wenn ihr zum Beispiel Gemüse nehmt, solltet ihr es vorher noch anbraten.
2. Den Teig füllen und daraus Taler formen.
3. Die Taler bei mittlerer Hitze in einer Pfanne mit Öl oder Butterschmalz durchbraten.
4. Serviert die Taler am besten mit grünem Salat und einem Klecks Sauerrahm.

Eigentlich schon peinlich einfach zu machen, aber ich hätte ein schlechtes Gewissen, wenn ich sie nicht erwähnen würde.

kSk

Pizza-Illegalitäten

Think outside the pizzabox

Die folgenden Pizzarezepte sind hier als Vorspeisen gedacht oder als Gruß aus der Küche. Also wenn ihr 3-4 Leute bei euch habt, stellt einfach eine kleine Pizza hin, um eure Gäste zu überraschen. Ihr könnt die Kombinationen auch größer machen, aber als Überraschung vor dem Hauptgericht sind die göttlich.

Der Pizzateig

und wie man ihn zu Hause backt

Ich habe mittlerweile schon zwei Videos über Pizza gemacht. Einmal in der Pfanne. Mir wurde schon von vielen Seiten gesagt, dass dieses Video das „Unterhitze-Problem" gelöst hat.

Des Weiteren habe ich mich auch mit Alternativen zu einem Pizzastein und/oder Pizzastahl beschäftigt. Es scheitert, wie gesagt, selten an der Hitze von oben, in einem Ofen Pizza zu machen. Mehr ist es die Unterhitze. Auch hier ein paar Tipps, ohne dass man viel Geld ausgeben oder seinen Ofen lange vorheizen muss.

Red Pizza

Auch ohne Tomate rot

ZUTATEN

1 Rote Rübe
Zitronensaft
Salz
Kren (nach Belieben)
1 Ziegenkäserolle
Pizzateig (S. 111)
Honig oder Ahornsirup und frischer Thymian als Topping

Ich bin immer wieder auf der Suche nach Alternativen zu Tomatensauce auf Pizza. Rote Rüben hatte ich gar nicht auf dem Schirm – schmeckt aber richtig gut!

ZUBEREITUNG

1. Die Rübe waschen und putzen, kochen, bis sie weich ist, und pürieren. Mit Zitronensaft, Salz und Kren abschmecken. Den Ziegenkäse in Scheiben schneiden.
2. Die Pizza mit der Rübensauce und dem Ziegenkäse belegen und backen.
3. Die Pizza mit etwas Honig und Thymian toppen.

Französische Pizza

à la Zwiebelsuppe

ZUTATEN

3 Zwiebeln
2 EL Butter
3 Knoblauchzehen
Rosmarinnadeln (nach Belieben)
150 ml Rinderfond oder Brühe (ungesalzen)
Pizzateig (S. 111)
Gruyère und Gouda (1:1 gemischt)

Oh ja! Darauf hat die Welt gewartet. Eine Fusion der französischen und italienischen Küche. Trotz der furchtbaren Dinge, die der Pizza angetan wurden, ist die Kombination natürlich auch auf dem Papier eine, die einfach nur gut sein kann.

ZUBEREITUNG

1. Die Zwiebeln schälen, in Streifen schneiden und mit der Butter in einem Topf anschwitzen. Auf mittlerer Hitze braten, bis sie weich und schön hellbraun sind. Das dauert 15–20 Minuten. Passt auf die Hitze auf, denn die Zwiebeln sollten nicht angeröstet werden.
2. Knoblauch schälen und fein hacken, etwas Rosmarin ebenfalls fein hacken und beides mit den Zwiebeln für 1–2 Minuten anschwitzen. Mit dem Rinderfond ablöschen und alles einreduzieren, bis es für die Pizza eine gute Konsistenz hat.
3. Die Pizza damit belegen und den Käse draufgeben.
4. Pizzaback-Business as usual.

Pizza Ceviche

Pizza als leckerer Begleiter

ZUTATEN

Pizzateig (S. 111)

Für das Ceviche

150 g Kabeljau, entgrätet und ohne Haut (checkt zur Sicherheit die Grätenlage)

1 kleine rote Zwiebel

Zitronensaft

gutes Olivenöl

Chilischoten

Abrieb von 1 Bio-Zitrone

Koriandergrün oder Petersilie

Salz

Für den Pizzabelag

zimmerwarmer Mascarpone, Salz

Kirschtomaten

Pecorino oder Parmesan

Für die Gremolata

1 Handvoll Petersilie

3 Knoblauchzehen

50–70 ml Olivenöl

Salz

(Gremolata ist am Ende eine Gefühls- bzw. Geschmackssache)

Ja, es gibt ein Gericht mit Koriander, das ich mag. Ceviche. Ich nehme da gerne die jungen Blätter vom Koriander. Die Pizza ist hier die Beigabe zum Ceviche und passt perfekt dazu.

ZUBEREITUNG

1. Für das Ceviche den Kabeljau in Würfel schneiden und mit den anderen Zutaten abschmecken. Ich weiß, das klingt nach Faulheit von mir, aber wie bei Salaten ist alles Geschmackssache. Es gibt einfach zu viele Faktoren, wie zum Beispiel die Schärfe der Chili und die Stärke des Olivenöls, die ihr für euch finden müsst.
2. Mascarpone cremig rühren und salzen.
3. Für die Gremolata die Petersilie waschen, trocken schütteln und hacken. Den Knoblauch schälen und ebenfalls fein hacken. Petersilie, Knoblauch und Olivenöl mischen und mit Salz abschmecken.
4. Die Tomaten waschen und halbieren. Die Pizza mit Mascarpone und Kirschtomaten belegen, etwas Pecorino darüberreiben und backen.
5. Das Ceviche extra in einem Glas anrichten und die Gremolata auf die Pizza geben.

Was macht man mit übrig gebliebenem Pizzateig?

Kräuterbutterbaguette

ZUTATEN

ca. 200 g Pizzateig (S. 111)
Knoblauch (nach Belieben)
frische oder getrocknete Kräuter (ich finde Thymian, Petersilie und Rosmarin gut)
150 g zimmerwarme Butter
Salz

Sollte mal mehr übrig bleiben, lasst sich aus Pizzateig auch super ein schnelles Baguette machen. Wenn man möchte, wird daraus auch mit wenigen Handgriffen ein Kräuterbutterbaguette.

ZUBEREITUNG

1. Den Teig auf einer bemehlten Oberfläche zu einem Baguette formen. Am besten schaut ihr euch dazu das Video an, das bei dem Bosna-Rezept dabei ist (S. 36).
2. Das Baguette auf einem mit Backpapier ausgelegten Backblech 20–30 Minuten lang ruhen lassen.
3. Den Ofen auf 220 °C (Umluft) vorheizen. Währenddessen den Knoblauch schälen und hacken, die Kräuter ggf. waschen, trocken schütteln und ebenfalls hacken. Die Butter mit Kräutern, Knoblauch und Salz vermischen.
4. Das Baguette mehrmals an der Oberseite einschneiden und mit Wasser besprühen, anschließend im heißen Ofen für 15–17 Minuten backen.
5. Abkühlen lassen, dann das Brot mehrmals einschneiden und die Butter in die Zwischenräume schmieren.
6. Noch für ein paar Minuten im heißen Ofen weiterbacken, bis die Butter geschmolzen und das Brot warm ist.

Knoblauchknoten

ZUTATEN

Pizzateig-Reste (ca. 10 g pro Knoten und Person)

100 g Butter

4 Knoblauchzehen

getrockneter Oregano

Salz

frische Petersilie und geriebener Parmesan (optional)

Einfach, geil und perfekt für Pizzateig-Reste. Obwohl das alles sehr italienisch klingt, kommt es mir so vor, als wären „Garlic Knots" eher ein italo-amerikanisches Ding. Ich denke aber, dass es bei diesem Gericht kein Konfliktpotenzial gibt.

ZUBEREITUNG

1. Aus dem Pizzateig kleine Schlangen formen, die um die 70 g haben sollten. Knoten daraus machen, auf ein mit Backpapier ausgelegtes Backblech legen und 20 Minuten gehen lassen.
2. Den Ofen auf 220 °C (Umluft) vorheizen. Die Butter in einem kleinen Topf schmelzen (nur schmelzen, auf niedriger Temperatur). Wenn alles geschmolzen ist, den Topf von der Platte nehmen.
3. Den Knoblauch schälen, fein hacken und mit dem Oregano und etwas Salz in die Butter geben. Die Knoten damit bestreichen und im heißen Ofen 12–15 Minuten backen.
4. Optional könnt ihr frische Petersilie und geriebenen Parmesan auf die Knoblauchknoten streuen.

Grill it to me, Baby!

Ein paar Grillrezepte habe ich auch vorbereitet, aber keine Sorge! Ihr könnt alle Rezepte auch in der Pfanne oder im Ofen machen.

1-Million-Euro-Grillbutter

Aus dem Weg, Geringverdiener

ZUTATEN

2 Markknochenscheiben
125 g zimmerwarme Butter
5 g schwarze Trüffel
5 Zehen schwarzer Knoblauch
2 TL Lauchasche (optional; leider sehr ungesund, schmeckt aber extrem gut)
Salz

Ok, etwas dekadent, aber unglaublich geil und passt perfekt auf Grillbrot und zu Steak. So was macht man nicht täglich. Wenn es mal was Besonderes sein soll, dann diese Grillbutter.

ZUBEREITUNG

1. Den Ofen auf 220 °C (Umluft) vorheizen. Die Markknochen gut mit klarem Wasser abwaschen, um etwaige Knochensplitter abzubekommen.

   Die Markknochen im heißen Ofen 20–30 Minuten garen. Wenn man hineinsticht und das Mark weich und nicht mehr rot ist, dann ist es fertig.

2. Das Mark aus den Knochen nehmen und mit den anderen Zutaten vermischen. Mit Salz abschmecken, die Butter in eine Frischhaltefolie geben und eine Wurst formen.

3. Vor Gebrauch müsst ihr sie kalt stellen. Im Gefrierfach hält sie 3–6 Monate.

„Carne Asada“

Mit günstigen Rindfleischstücken grillen

ZUTATEN

1 Zwiebel

frischer Koriander (alternativ Petersilie)

frische Chilischoten (nicht allzu scharf, z. B. Jalapeños in Scheiben)

500 g falsches Filet (oder auch Rindschnitzelfleisch)

Salz

Pfeffer

Kreuzkümmel (optional)

Saft von 1 Orange

Saft von 1 Limette oder Zitrone

Öl

Wenn man Rindfleisch grillt, handelt es sich bei Kurzbratgeschichten meistens um Steak. Das ist sehr gut, aber auch teuer. Also habe ich mich auf die Suche nach einem einfachen und gut schmeckenden Rezept mit vielleicht auch nicht so beliebten Fleischstücken gemacht. Ich habe auf meiner Suche ein Rezept für Carne Asada aus Skirt Steak gesehen, das ich sehr gut gefunden habe. Ich habe mich gefragt, ob das auch mit dem Stück Fleisch, das ich am wenigsten einsetze, weil es zäh und zu mager ist, funktioniert. Dem falschen Filet/mageren Meisel. Es ist zu zäh, um es kurz zu braten oder Beef Tatar zu machen, und zu mager für Eintöpfe. Manchmal nehme ich es für Carpaccio oder als Einlage für Pho.

ZUBEREITUNG

1. Die Zwiebel schälen und in feine Ringe schneiden. Koriander waschen, trocken schütteln und hacken. Die Chilis putzen, waschen und in Ringe schneiden
2. Das Fleisch, so dünn es geht, quer zur Faser schneiden und mit einem Fleischhammer ordentlich durchklopfen, sodass es extrem dünn ist. Mit Salz, Pfeffer und Kreuzkümmel würzen.
3. Den Saft der Orange und der Limette mit dem Fleisch vermengen. Zwiebelringe, Kräuter und Chilis kommen dann auch noch dazu. Das Ganze zwischen 1 und 24 Stunden im Kühlschrank ziehen lassen. Je länger, desto besser. Kurz vor dem Grillen könnt ihr noch Öl dazugeben.
4. Die Fleischstücke bei sehr hoher Hitze nur so lange grillen, bis sie schöne Röstaromen entwickelt haben.
5. Das Fleisch kann so gegessen werden, ist aber prädestiniert, um es in einer Pita mit Sauce zu servieren.

BBQ-Rippchen

Das (fast) einzige Rezept, das du brauchst

ZUTATEN

2-4 Schweinerippen (im Ganzen oder die Rippenteile halbiert)

Gewürzmischung eurer Wahl

ca. 250 ml Apfelsaft

BBQ-Sauce eurer Wahl

Optional

etwas Liquid Smoke oder Schwarte eines geräucherten Specks oder geräuchertes Paprikapulver

Wenn ihr stressfrei BBQ-Rippchen machen möchtet, habe ich hier ein einfaches Rezept mit Gelinggarantie. Alles, was ihr braucht, ist ein ofenfestes Gefäß, das dicht abschließt, wie zum Beispiel einen Bräter oder einfach einen Topf mit Metallgriffen.

Das Schöne ist, ihr könnt sie im Ofen, am Holzkohlegrill und am Gasgrill machen. Das Rezept ist sogar noch einfacher als die klassischen 3-2-1 Rippchen. Es gibt auch ein Video, das diese Technik mit einem Rezept für den „Schweinepriester-Rub" beleuchtet, meiner eigens kreierten Gewürzmischung für BBQ-Projekte.

ZUBEREITUNG

Auf dem Holzkohlegrill

1. Die Rippchen mit eurem Lieblings-Rub würzen und 4–24 Stunden in den Kühlschrank stellen.
2. Die Ribs mit euren Lieblingsholz-Chunks bei 100–110 °C für 1 Stunde räuchern. Das Setup ist ein indirektes mit einer Wasserschale.
3. Dann kommen sie, wie im Video gezeigt, im Topf zusammen mit dem Apfelsaft für 2–3 Stunden bei 150 °C (Umluft) in den Ofen. Die Zeiten können stark variieren, deshalb testet nach 2 Stunden immer wieder die Konsistenz.
4. Die Rippchen aus dem Topf nehmen, mit eurer Lieblings-BBQ-Sauce bestreichen und im Ofen-Backrohr bei ca. 180 °C (Grillfunktion) übergrillen, sodass die BBQ-Sauce schön anzieht und etwas karamellisiert. Das dauert normalerweise nicht lange, meistens um die 15–20 Minuten.

Auf S. 128 geht's weiter →

BBQ-Rippchen

Das (fast) einzige Rezept, das du brauchst

hier geht's weiter

Rippchen-Technik

Auf dem Gasgrill

1. Die Rippchen mit eurem Lieblings-Rub würzen und 4–24 Stunden in den Kühlschrank stellen.
2. Dann kommen sie zusammen mit dem Apfelsaft in einem Topf oder Bräter für 2–3 Stunden bei 150 °C (Umluft) in den Ofen. Die Zeiten können stark variieren, deshalb testet nach 2 Stunden immer wieder die Konsistenz. Ihr könnt auch etwas Liquid Smoke oder eine Schwarte von einem geräuchertem Speck zum Apfelsaft geben, damit ihr noch mehr Raucharoma bekommt. Es gibt auch Einsätze für den Gasgrill, um zu smoken. Wenn ihr so was habt, könnt ihr das natürlich verwenden und die Ribs vorher noch 30–60 Minuten räuchern.
3. Rippchen raus aus dem Topf und rein in den Gasgrill, wo ihr sie mit BBQ-Sauce bestreicht und bei ca. 180 °C mit geschlossenem Deckel die Sauce anziehen und karamellisieren lasst.

Im Ofen

1. Ok, eigentlich macht man alles gleich wie beim Holzkohlegrill, nur dass man vorher nicht räuchert. Also erster Schritt wie gehabt: Die Rippchen mit eurem Lieblings-Rub würzen und 4–24 Stunden in den Kühlschrank stellen.
2. Alles mit dem Apfelsaft in einen Topf geben und bei 150 °C (Umluft) für 2–3 Stunden in den Ofen geben. Auch hier kann man mit Liquid Smoke, einer Speckschwarte oder geräuchertem Paprikapulver in der Gewürzmischung nachhelfen.
3. Die Rippchen aus dem Topf nehmen, mit eurer Lieblings-BBQ-Sauce bestreichen und im Ofen bei ca. 180 °C (Grillfunktion) übergrillen, sodass die BBQ-Sauce schön anzieht und etwas karamellisiert. Das dauert normalerweise nicht lange, meistens um die 15–20 Minuten.

BBQ-Sauce

aus dem Sud vom Topf

ZUTATEN

ca. 200 ml von der BBQ-Flüssigkeit (wenn's zu wenig ist, einfach mit Apfelsaft nachfüllen)
1 EL Tomatenmark
2-3 EL Apfelessig
2-3 EL Sojasauce
1-2 TL Chillisauce
3 EL brauner Zucker
1 EL Speisestärke

20 min

3-4

Wir verschwenden ja nichts. Aus der übrigen Flüssigkeit, die im Topf ist, nachdem man die Rippchen drinnen hatte, kann man schnell eine tolle BBQ-Sauce zaubern. Ich habe auch noch andere BBQ-Saucen-Rezepte in meinem Video, in dem ich mit einem 20€-Grill BBQ mache.

ZUBEREITUNG

1. Alles (bis auf die Stärke) in einen Topf geben und aufkochen. 10 Minuten lang köcheln lassen.
2. Die Stärke mit 1 EL Wasser glatt rühren und immer wieder ein bisschen zur Sauce geben, um sie anzudicken, bis sie die gewünschte Konsistenz hat.

Rib Sandwich,

aber richtig!

ZUTATEN

Für das Sandwich

Rippchen (S. 126, ½ Rippe pro Portion)

Imbiss-Multifunktionsbrötchen (S. 36)

1 kleine Zwiebel

Essiggurken (nach Belieben)

BBQ-Sauce (S. 129)

Für die Roasted Garlic Mayonnaise

1 Knoblauchknolle

5 EL Mayonnaise

Salz

Optional

etwas Semolina- oder Weizengrieß (um das Brot zu bearbeiten, wie es auch beim Original zu finden ist)

Das Restaurant „Zur goldenen Möwe", oder wie man in Österreich sagt, „Schachtelwirt", ist ja bekannt für ein Erzeugnis, das einem Sandwich mit Rippchen darin nachempfunden wurde. Das Gute ist, wir haben die Rippchen und das Brot sogar schon gemacht.

ZUBEREITUNG

1. Macht euch Rippchen und das Sandwichbrot fertig. Die Rippchen müssen natürlich so weich sein, dass man den Knochen sauber rausziehen kann. Die Zwiebel schälen und in Streifen schneiden, die Essiggurken in Scheiben schneiden
2. Aus der Knoblauchknolle (siehe 100-Knoblauchzehen-Rezept, S. 56) die weichen Knoblauchzehen herausdrücken, mit der Mayonnaise vermischen und mit Salz abschmecken.
3. Optional könnt ihr euer Brötchen antoasten, bevor ihr Sauce, Rippchen, Zwiebeln und Essiggurken draufgebt.
4. Esst das Sandwich und akzeptiert den Fakt, dass ihr nie mehr zur „amerikanischen Botschaft" pilgern müsst, wenn ihr ein Rib Sandwich haben wollt.

Hoisin Burnt Ends

Smoke it (ohne 420)

ZUTATEN

750 g Schweinebauch ohne Schwarte

BBQ Rub deiner Wahl

2 EL Honig

3 EL Butter

75–100 ml Hoisinsauce (ja, es gibt dazu ein Rezept, S. 134)

Asia Slaw (S. 133)

Reis oder Bao Buns (optional)

Früher waren Burnt Ends die oft etwas trockenen Reste des Briskets. Heute, weil's saugut schmeckt, werden sie aus anderen Stücken gemacht, wie zum Beispiel aus Schweinebauch. Keine Sorge, das geht auch alles im Ofen.

ZUBEREITUNG

1. Den Schweinebauch in große Würfel schneiden und mit eurem Lieblings-Rub würzen. Wie immer kann man den dann 4–24 Stunden im Kühlschrank anziehen lassen.
2. Habt ihr einen Holzkohlegrill oder einen Smoker, könnt ihr jetzt die Schweinebauchwürfel auf dem Grillrost indirekt mit einer Wasserschale bei ca. 110 °C für 1–2 Stunden räuchern. Wenn ihr das Ganze im Ofen macht, nehmt euch eine ofenfeste Form (am besten mit Deckel, sonst müsst ihr die Form im nächsten Schritt mit Aluminiumfolie abdecken, und wir wissen ja, die ist böse). Vorerst bleiben die Fleischstücke aber offen bei 150 °C (Umluft) für ca. 1 Stunde im Ofen. Der Rub soll die Chance haben, außen etwas zu karamellisieren.
3. Ihr könnt nun weiter im Holzkohlegrill arbeiten, aber auch die geräucherten Fleischstücke in eine ofenfeste Form geben und im Ofen weitermachen. Jetzt geht die Dämpfphase los.
4. Den Honig und die Butter in Flocken über das Fleisch geben. Ofenform dicht abschließen und alles bei 150 °C (Umluft) für 2–3 Stunden in den Ofen geben, oder bis die Schweinebauchstücke weich sind. Ggf. ein bisschen Wasser dazugeben.
5. Die Abdeckung abnehmen, die Hoisinsauce drübergießen, alles durchmischen und eure Burnt Ends noch für 30 Minuten unabgedeckt in den Ofen geben, damit die Sauce etwas anziehen und karamellisieren kann.
6. Mit Asia Slaw auf Reis oder in Bao Buns servieren.

Asia Slaw

Mal was Vegetarisches zum Grillen

ZUTATEN

¼ Weißkohl
2 Karotten
1 Frühlingszwiebel
frische Chilischoten (nach Belieben)
etwas frischer Koriander (alternativ Petersilie)
2 Knoblauchzehen
1 kleines Stück Ingwer (ungefähr so viel wie Knoblauch)
Salz
1-2 EL Reisessig (oder Essig eurer Wahl)
1 EL Erdnusscreme
1 EL Honig
1-2 TL Sesamöl
100 g ausgepahlte Edamame oder Erbsen
geröstete Erdnüsse

Gerade beim Grillen sind frische Salate ein Muss, um das Deftige auszubalancieren. Ein Krautsalat ist fast immer dabei und diese asiatische Variante ist mein persönlicher Favorit.

ZUBEREITUNG

1. Den Kohl waschen, putzen und in feine Streifen schneiden. Die Karotten schälen und in feine Streifen schneiden. Die Frühlingszwiebel und die Chilischoten waschen, putzen und in Ringe schneiden. Koriander waschen, trocken schütteln und hacken. Den Knoblauch schälen und fein hacken, den Ingwer schälen und reiben.
2. Das Kraut ein wenig salzen, ordentlich durchkneten und 10–15 Minuten ziehen lassen.
3. Reisessig, Erdnusscreme, Honig, Sesamöl, Knoblauch und Ingwer mit einem Schneebesen zu einem Dressing mischen. Karotten, Edamame, Frühlingszwiebeln, Chili und Erdnüsse zu dem Kraut geben und alles vermengen.
4. Euren Salat mit dem Dressing abschmecken und gegebenenfalls noch etwas Salz oder Sojasauce dazugeben.

Die unnötig komplizierte Hoisinsauce

(die man auch kaufen könnte)

Schritt 1: Five Spice Gewürz (das man kaufen könnte)

ZUTATEN

1 EL Szechuan-Pfeffer
1 EL Fenchelsamen
1 TL Nelken
1 ½ Sternanis
2 kleine Stangen Ceylon-Zimt (ca. 4 g)

Wer meinen Kanal kennt, weiß, dass ich vor langer Zeit versprochen habe, ein Hoisinsaucen-Rezept zu bringen. Was war ich naiv. In meinem jugendlichen YouTube-Enthusiasmus war mir nicht klar, was das für ein Aufwand ist. Zugegeben, sie schmeckt schon wesentlich besser als so ziemlich alles, was ich bisher käuflich erwerben konnte. Ob es euch das wert ist, sie selber zu machen, müsst ihr selbst entscheiden. Ich aber habe ein Versprechen gegeben, das ich halten werde! Außerdem wissen wir ja: Selbermachen ist Ehrenkochsache!

ZUBEREITUNG

1. Optional könnt ihr die Gewürze im Ganzen in einer trockenen Pfanne bei mittlerer Hitze etwas „anbraten". Das gibt einen kleinen geschmacklichen Kickstart. Passt auf, dass euch nichts anbrennt, sonst werden die Gewürze bitter.
2. Mahlt alle Gewürze zusammen in einem Mörser oder einer anderen Gewürzmühle zu einem feinen Pulver.

Schritt 2: Fermentierte Schwarze-Bohnen-Sauce (die es auch zu kaufen gibt)

ZUTATEN

- 3-4 EL gesalzene, fermentierte schwarze Bohnen
- 4 EL fein geriebener Ingwer
- 4 Knoblauchzehen
- 1 Frühlingszwiebel
- Öl zum Braten
- 200 ml ungesalzener Hühnerfond
- 1 1/2 TL brauner Zucker
- 2-3 EL Sake
- 1-2 EL Sojasauce
- etwas Stärke-Wasser-Gemisch (1:1, zum Andicken)

ZUBEREITUNG

1. Die schwarzen Bohnen für 1–2 Stunden in Wasser einweichen. Den Ingwer schälen und fein reiben, den Knoblauch schälen und durchpressen oder ebenfalls reiben. Die Frühlingszwiebel waschen, trocken schütteln und fein schneiden.
2. Den Knoblauch und den Ingwer in etwas Öl für 5–10 Minuten bei mittlerer Hitze in einem kleinen Topf anschwitzen. Nur anschwitzen, nicht braten!
3. Die eingeweichten Bohnen mit einer Gabel zerdrücken.
4. Die Frühlingzwiebel in den Topf geben und sie dort auch ein paar Minuten mit anschwitzen.
5. Die restlichen Zutaten (bis auf die Stärke-Wasser-Mischung) dazugeben und bei mittlerer Hitze die Flüssigkeit bis zur Hälfte einreduzieren.
6. Immer wieder etwas von dem glatt gerührten Stärke-Wasser-Gemisch dazugeben, bis die Sauce eine für euch angenehme Saucenkonsistenz hat. Vergesst nicht, dass sie abgekühlt dicker wird.

Schritt 3: Hoisinsauce (Habe ich erwähnt, dass man die kaufen kann?)

ZUTATEN

- 2 Knoblauchzehen (wenn kein Knoblauch in der Bohnenpaste ist)
- 3 EL Fermentierte Schwarze-Bohnen-Sauce
- 2 TL Reisessig
- 60 g brauner Zucker
- 1 TL Honig
- 2-3 EL Sojasauce
- 1/2 TL Sesamöl
- 1/2-1 TL Five-Spice-Gewürz
- 4 getrocknete Zwetschgen (bzw. Pflaumen)

ZUBEREITUNG

1. Den Knoblauch schälen.
2. Alles zusammenmischen und in einem Mixer mixen, bis es eine glatte Sauce wird.
3. Fertig!
4. Yay!

kSk

Nose 2 Tail

Kochen mit Herz

Man vergisst leider oft, dass ein Tier nicht nur aus 2-3 Teilen besteht. Ich verstehe aber, dass Innereien für viele Leute ein rotes Tuch sind. Trotzdem möchte ich hier ein paar schöne Einsteigerrezepte zeigen, die euch einen guten Zugang zu diesem Thema geben. Ich erspare euch die Gesundheits- und Nachhaltigkeitsaspekte, ich bin nicht euer Erziehungsberechtigter, ihr wisst schon, was ihr tut.

Und vielleicht, nur vielleicht, ist ja hier ein Rezept dabei, das euch gefällt, das euch schmeckt. Dann habe ich meinen Auftrag erfüllt.

Trotzdem: Die Frische ist, wie bei allen Dingen, entscheidend. Deshalb kauft solche Dinge nur bei eurem Fleischer des Vertrauens.

Mamas Flecksuppe

Kuttel at its best

Mama ist die Beste ♡

ZUTATEN

150 g küchenfertiger Kuttelfleck
1 Bund Suppengrün
2 Zwiebeln
4 Knoblauchzehen
2 Lorbeerblätter
6 Pfefferkörner
2 EL Schweineschmalz (alternativ Butterschmalz oder Öl)
2 EL Mehl (am besten glatt)
2 EL Paprikapulver
getrockneter Majoran
getrockneter Thymian
Salz
geriebene Muskatnuss
150 ml Schilcher (oder ein anderer saurer Wein)
Schlagobers oder Sauerrahm zum Garnieren
Petersilie oder Schnittlauch zum Garnieren

Als ich noch ein kleiner Hosenbrunzer war, brachte meine Mutter, die Köchin war, ab und an etwas vom Betrieb mit nach Hause. Eines Abends griff ich, vom Hunger getrieben, zu einer Frischhaltebox, die anscheinend etwas Essbares enthielt. Was es war, war mir egal, Hauptsache, was zu essen. Und es schmeckte ausgezeichnet! Erst später wurde mir die Wahrheit erzählt … Hier ist es, das Rezept meiner lieben Mutter, von ihr freigegeben zur Weitergabe.

ZUBEREITUNG

1. Ein Kalbsmagen ist leider nicht dafür bekannt, dass er gut riecht. Lasst euch davon nicht abschrecken! Der Fleck muss vorher, auch wenn er geputzt und sauber ist, einmal für ca. 10 Minuten abgekocht und dann kalt abgespült werden.
2. Das Suppengrün waschen, Zwiebeln und Knoblauch schälen und klein schneiden.
3. Den abgekochten Fleck dann noch mal mit Wasser, Suppengrün, 1 Zwiebel, Lorbeerblättern und Pfefferkörnern mit 1 l Wasser aufkochen und so lange köcheln lassen, bis der Fleck weich ist. Das kann 2–3 Stunden dauern. Wenn der Fleck weich ist, schneidet ihn in feine Steifen und behaltet den Sud zum späteren Gebrauch auf.
4. Das Schmalz in einem Topf schmelzen und die andere Zwiebel und Knoblauch darin anschwitzen. Das Mehl dazugeben und ebenfalls 3–5 Minuten anschwitzen. Wenn man mutig ist, kann man das Paprikapulver kurz vor dem Ablöschen etwas mit anschwitzen. VORSICHT: Wird das Paprikapulver zu heiß oder zu lange angebraten, wird es bitter.
5. Mit Sud und Wein ablöschen, Kuttelstreifen hinzugeben und alles noch ein paar Minuten köcheln lassen. Schmeckt mit Majoran, Thymian, Salz und Muskatnuss ab. Serviert wird mit Obershaube oder Sauerrahm und Petersilie oder Schnittlauch.

Zungensuppe

mit Fritatten

ZUTATEN

1 Rinderzunge (küchenfertig)
1 Bund Suppengrün (250–300 g)
5 Pfefferkörner
2 Lorbeerblätter
1 Zweig Luststock
4 Wacholderbeeren oder
4 cl Gin (nichts für Kinder)
Salz
Fritatten (S. 50)

Optional

2 Eiweiß zum Klären
Schnittlauch/Petersilie

Die Zunge ist das perfekte Stück Fleisch für eine Rindssuppe. Sie bringt den perfekten Geschmack und Kollagenanteil mit, um eine tolle Suppe zu machen. Außerdem ist sie beim Fleischer sehr günstig zu erwerben. Die Suppe selbst schmeckt nicht anders als eine euch bekannte Rindssuppe – sie ist nur günstiger.

ZUBEREITUNG

1. In einem Topf etwas Wasser aufkochen und die Zunge darin 3–5 Minuten abkochen.
2. Das Wasser abgießen und 4–5 l frisches Wasser dazugeben, plus alle anderen Zutaten (bis auf das Salz und die Fritatten). Alles langsam zum Köcheln bringen, einen Deckel draufgeben und die Suppe für 2–3 Stunden kochen lassen, bis die Zunge weich ist.
3. Macht euch Palatschinken, schneidet diese in feine Streifen und stellt sie bis zum Gebrauch kalt.
4. Optional könnt ihr die fertige Suppe abgießen und klären, damit sie schöner aussieht. Wie gesagt, optional. Dazu nehmt ihr die auf Zimmertemperatur runtergekühlte, abgegossene Suppe, gebt 2 Eiweiße hinein und rührt alles mit einem Schneebesen ein. Dann lasst ihr die Suppe unter ständigem Rühren aufkochen. Nun sollte sich das Eiweiß trennen und ihr könnt alles durch ein Sieb passieren. Das funktioniert noch besser mit einem Geschirrtuch, das ohne Waschmittel gewaschen wurde.
5. Die Haut von der Zunge abziehen und, wenn ihr sie in der Suppe haben wollt, in kleine Stücke schneiden.
6. Die Suppe in einem tiefen Teller mit den Fritatten und frischem Schnittlauch servieren.

Lingua tonnato

zergeht auf der Zunge

ZUTATEN

ca. 200 g Thunfisch in Öl (am besten den guten aus dem Glas)
100 g Mayonnaise
3-4 EL Kapern
Salz
Zitronensaft (nach Belieben)
gekochte Rinderzunge

Optional

1 Sardellenfilet
Kapernäpfel und Petersilie zum Garnieren

Natürlich kann man das gekochte Zungenfleisch aus dem letzten Rezept weiterverarbeiten, um andere Gerichte zu machen. Abgesehen von Salaten lässt sich daraus eine tolle Variante von Vitello tonnato kreieren. Man nimmt statt Kalbfleisch einfach die gekochte, zarte Zunge. Warnung: Hier handelt es sich nicht um ein authentisches Vitello tonnato, sondern um eine schnelle und gschmackige Variante.

ZUBEREITUNG

1. Thunfisch, Sardellenfilet, Mayonnaise und Kapern mit einem Stabmixer zu einer cremigen Sauce mixen und mit Salz und Zitronensaft abschmecken.
2. Die kalte, gehäutete Zunge in dünne Scheiben schneiden, auf einen flachen Teller legen und die Sauce darübergeben.
3. Alles mit Kapernäpfeln garnieren. Frische Petersilie ist auch nicht verboten.

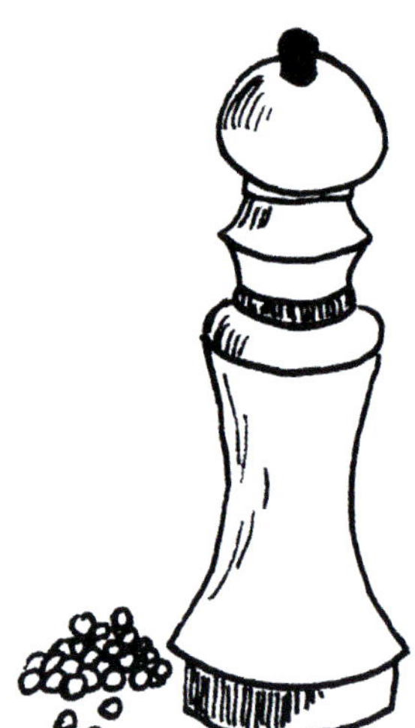

Entrée de moelle osseuse

Ein Knochenjob (hehe)

ZUTATEN

4-5 Markknochen (quer oder längs geschnitten)

Baguette- oder andere Weißbrotscheiben

etwas Olivenöl

grobes Salz

Für die Gremolata

1 Handvoll frische Petersilie

3 Knoblauchzehen

50-70 ml Olivenöl

Salz

Abrieb von 1 Bio-Zitrone

Wieder was, was ich aus dem Google Übersetzer habe! Dass Knochenmark gut schmeckt, weiß man, sobald man eine ordentliche Sauce/Suppe mit Knochenmark darin isst. Geröstetes Knochenmark mit etwas Gremolata auf getoastetem Baguette ist der Vorspeisen-Hero! Und wie bei vielen Gerichten hier in diesem Kapitel: Knochen sind sehr günstig.

ZUBEREITUNG

1. Den Ofen auf 220 °C (Umluft vorheizen). Die Markknochen gut mit klarem Wasser abwaschen, um etwaige Knochensplitter abzubekommen.
2. Die Markknochen im heißen Ofen für 20–30 Minuten garen. Wenn man hineinsticht und das Mark weich und nicht mehr rot ist, dann ist es fertig.
3. Petersilie waschen und trocken schütteln, Knoblauch schälen, beides fein hacken und mit dem Olivenöl mischen. Die Gremolata mit etwas Salz und der Zitronenschale abschmecken.
4. Brotscheiben mit Olivenöl beträufeln und im Ofen rösten.
5. Die fertigen Knochen mit grobem Salz und der Gremolata vor dem Servieren würzen.

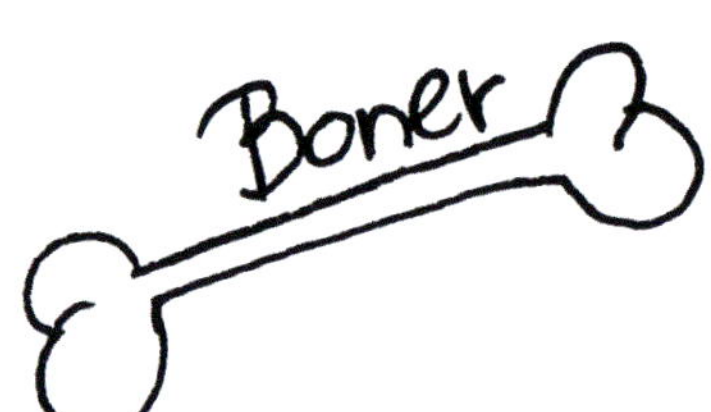

Herzsteak

mit „herzhafter" Rotweinsauce

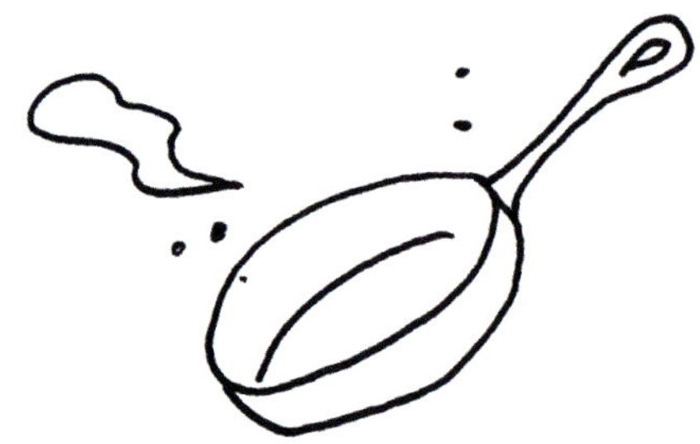

ZUTATEN

1 Rinderherz (Das sind 3–4 kleine Steaks, nachdem es geputzt wurde)
Salz
Pfeffer
1 Zweig Rosmarin
1 Knoblauchzehe
Öl oder Butterschmalz
100 ml Rotwein (nichts für Kinder)
ungesalzener Fond (S. 12)
1-2 TL Butter zum Montieren

Das Herz ist ein Muskel. Aber beim Kochen ist es ein sehr empfindlicher, denn wenn du es zu lange der Hitze überlässt, wird es nicht nur zäh, sondern auch lebrig. Lebrig ist die Bezeichnung für den Geschmack, wenn man Leber durchbrät. Viele Leute mögen das. Ich leider nicht ... Wenn du Herz kurz brätst und im Bereich medium und medium rare bleibst, wirst du ein günstiges und schmackhaftes Steak bekommen. Um ehrlich zu sein, finde ich, es schmeckt wie ein Hüftsteak.

ZUBEREITUNG

1. Nehmt das Herz und schneidet das Fett und alles, was nicht Muskelfleisch ist, ab. Das macht wahrscheinlich auch euer Fleischer für euch.
2. Die einzelnen Kammersegmente abschneiden. Die sehen aus wie kleine Filets. Die Steaks salzen, pfeffern und 30 Minuten rasten lassen, damit das Salz etwas einziehen kann. Den Rosmarin waschen und trocken schütteln, den Knoblauch schälen und andrücken.
3. Die Steaks trocken tupfen, falls sie etwas feucht sind. In einer Pfanne mit Öl oder Butterschmalz kurz auf beiden Seiten anbraten und aus der Pfanne nehmen.
4. Den Rückstand in der Pfanne mit Rotwein und dem Fond ablöschen und um ein Viertel bis die Hälfte reduzieren. Währenddessen könnt ihr den Rosmarin und den Knoblauch mitköcheln lassen.
5. Den Knoblauch und den Rosmarinzweig entfernen. Die Butter langsam unter ständigem Rühren in der Sauce zerlassen und alles mit Salz abschmecken.
6. HERZLICHEN *(hehehe)* Glückwunsch, ihr habt aus einem vermeintlichen „Abfallprodukt" ein tolles Steak gezaubert.

Sanguinaccio dolce

Orange, Blut & Schokolade

ZUTATEN

200 g dunkle Schokolade (am besten mit 85 % Kakaoanteil)
240 ml frisches Schweineblut
180 ml Milch
60 ml Schlagobers
160 g Zucker
Abrieb von 1 Bio-Orange
1 Msp. gemahlener Zimt

Optional

3–4 ausgehöhlte Orangen zum Servieren
Biskotten bzw. Löffelbiskuits

Viele wissen ja, dass eine meiner absoluten Lieblingsserien „Hannibal“ ist. Es kam dort dieses Dessert vor, eines, das aus Schokolade und Schweineblut besteht. Das klang für mich im ersten Moment so unglaubwürdig, dass ich dachte, es wäre eine Fiktion für den Film. Aber je mehr ich darüber nachdachte, umso mehr Sinn ergab es. Blut wird durch langsames Erhitzen cremig und wurde auch oft zum Binden von Saucen benutzt. Auf jeden Fall schmeckt das nicht nach Blut oder Metall, wie man das glauben möchte. Mehr hebt es den natürlichen Schokoladengeschmack an.

ZUBEREITUNG

1. Richtet euch ein Wasserbad, also einen Topf mit kochendem Wasser und einem kleineren Topf oder einer Metallschüssel darüber. Bringt das Wasser zum Sieden und geht sicher, dass der kleinere Topf im Wasser eingetaucht ist.
2. Die Schokolade klein schneiden und Schweineblut, Milch, Schlagobers und Zucker im kleineren Topf des Wasserbads mischen. 1 Handvoll der Schokolade dazugeben und die Flüssigkeit über dem Wasserbad rühren. Immer wieder etwas Schokolade dazugeben, bis sie komplett geschmolzen ist, und darauf achten, dass eurer Wasser nicht zu kochen beginnt, sonst bricht euch das Blut.
3. Wenn die Schokolade geschmolzen ist, beginnt die eigentliche Arbeit, nämlich das ständige Rühren, bis die Masse eine puddingartige Konsistenz hat. Das kann 20–30 Minuten dauern.
4. Am Ende Orangenschale und Zimt dazugeben.
5. Die Creme in einer ausgehöhlten Orange oder in einer kleinen Dessertschüssel servieren und alles mit Löffelbiskuits und Beeren garnieren.

Der Gewürz-Club

Gewürzmischungen selber machen!

So spaßig es auch ist, im Breaking-Bad-Style Pülverchen und getrocknete Gewürze zusammenzumischen, ist mein Beitrag hier ein anderer. Wer es kennt, hebt die Hand! Man hat zu viel Gemüse, und es droht schlecht zu werden. Ob aus dem eigenen Garten, weil ein Angebot zu verlockend war oder die Bekanntschaft einfach zu viel hat. Neben Einkochen ist auch das Trocknen und zu Gewürzen Verarbeiten eine Top-Strategie, um Lebensmittel nicht wegwerfen zu müssen. Auch etwas angeschlagene Schwammerl und Pilze von der letzten Jagd finden hier eine Verwendung.

Es ist simpel: Gemüse trocknen – pulverisieren – zackprack, Gewürz!

Ich wurde mal gefragt: „Du kennst dich ja aus mitn Koch'n. Was is' eigentlich im Knoblauchpulver drinnen?" Depperte Frage, aber brachte mich zum Nachdenken. Ich habe mir nie Gedanken über Paprikapulver gemacht, weil es einfach so selbstverständlich war.

Mittlerweile ist das so ausgeartet, dass ich öfters einfach mal alle alten oder alt werdenden Gemüsereste trockne und daraus ein „Überraschungsgewürz" pulverisiere. Also, hast du einen Ofen oder einen Dörrautomaten, hält dich nichts auf. Außer vielleicht die Stromkosten. Ich denke, es kommt auf die Menge an, ob sich das für euch auszahlt. Die Entscheidung liegt bei euch!

Die erste Regel im Gewürz-Club:
Erzähl jedem vom Gewürz-Club!

Die zweite Regel im Gewürz-Club:
Erzähl jedem vom Gewürz-Club!

Die dritte Regel im Gewürz-Club:
Alles muss extrem trocken sein!

Die vierte Regel im Gewürz-Club:
Putzt das Gemüse so, wie ihr es auch beim normalen Verzehr tun würdet.

Je dünner man das Gemüse schneidet, desto schneller wird es trocken. Manche zerhäckseln es sogar. Trocknet euer Gemüse mithilfe eines Backofens auf einem Backpapier oder auf dem Rost mit Umluft (die Türe muss einen Spalt offen sein, damit die Feuchtigkeit entweichen kann) oder eines Dörrautomaten. Danach einfach pulverisieren!

Viel Spaß beim Experimentieren!

Die kleine Dörrtabelle

Gemüse, fein geschnitten, bei 50 °C (da bleiben die Vitamine erhalten), ca.:

Produkt	Zeit
Paprika, Farbe egal	12 Std.
Tomaten	18 Std.
Brokkoli	8 Std.
Knoblauch	4–5 Std.
Zwiebel	4–5 Std.
Karotte	8 Std.
Lauch	4–5 Std.
Kräuter	2 Std.
Zitronenschale (Nur das Gelbe, nicht das Weiße!)	3–4 Std.
Knollensellerie	8 Std.
Chilis	10–12 Std
Pilze	4 Std.

Die Gewürze halten 4–6 Monate fix, wenn sie gut getrocknet trocken gelagert werden und dicht verschlossen sind. Für alles darüber hinaus übernehme ich keine Verantwortung. (Ich übernehme eigentlich für gar nichts Verantwortung.) Die Mischungen sind ungesalzen, am besten übernehmt ihr das mit euren eigenen Vorstellungen.

Die Mischung macht's

BBQ-Mix „Fleißiger Lenz"

Am besten zum Marinieren fürs Grillen.
Passt überall!

ZUTATEN

2 EL Paprikapulver

1 TL Tomatenpulver

1 TL Knoblauchpulver

1 TL Zucker

Salz nach Geschmack

Optional

etwas Chilipulver

1 TL gemahlener Kreuzkümmel

1 TL getrockneter Oregano

Schwarzer Pfeffer

1 TL Senfmehl

Spezi-Fisch

Spezifisch für Fisch. Lmao.

ZUTATEN

1 EL getrockneter Dill

1 TL getrocknete Zitronenschale

2 TL Knoblauchpulver

Salz nach Geschmack

Optional

½ TL frisch gemahlener bunter Pfeffer

1 TL gemahlene Fenchelsamen

Mamas Suppengewürz

Wenn dir mal etwas Umami fehlt!

ZUTATEN

1 EL Karottenpulver

1 EL Sellerie-knollenpulver

1 EL Zwiebelpulver oder Lauchpulver

1 TL Knoblauchpulver

DAS WICHTIGSTE

½ EL getrockneter Luststock

Nudelgewürz „Nudel Rudel"

Einfach mit etwas Olivenöl auf heiße Nudeln!

ZUTATEN

1 EL Knoblauchpulver oder zerhäckselter Knoblauch

1 TL Zwiebelpulver

1 TL Chiliflocken

1 TL getrocknete Petersilie

½ TL gemahlener schwarzer Pfeffer

Optional

1 TL Tomatenpulver

Chili „Der Doktor"

So scharf, da sparst du dir die Mandeloperation.

ZUTATEN

1 EL eurer eigenen Chilis aus dem Garten, getrocknet und pulverisiert

Paprikapulver, um die Schärfe auszutarieren

Tipp

Wenn ihr das gleich zu einer Chili-con-Carne-Mischung machen wollt:

½–1 EL gemahlener Kreuzkümmel

1–2 TL Backkakao

1–2 TL Knoblauchpulver

„Mom's Spaghetti"

Wenn dein Bolognese etwas Schub braucht.

ZUTATEN

1 EL Tomatenpulver

1 TL Knoblauchpulver

1 TL Zwiebelpulver

1 TL Karottenpulver

1 TL Sellerie-knollenpulver

1 TL getrockneter Oregano

Tipp

Tomatenpulver wird mit etwas Wasser vermengt zu „Tomatenmark“

Pilzgewürz „Pretty fly for a Funghi"

Perfekt für Risotto und Rahmsaucen!

ZUTATEN

1 EL Pilzpulver
1 TL Zwiebelpulver
1 TL Knoblauchpulver
1 TL getrocknete Petersilie

Optional

1 TL getrockneter Majoran
1/2 TL gemahlene Koriandersamen

Brokkoligewürz „Soylent Green"

Für alle hellen Saucen.

ZUTATEN

1 EL Brokkolipulver
1 TL Lauchpulver
1 Msp. geriebene Muskatnuss
1 TL Schnittlauchpulver

Tipp

Dafür kann man super die geschälten Brokkolistiele und die grünen Blätter vom Karfiol nehmen, die oft nicht verwendet werden.

Malzgewürz für BBQ-Rippchen

Es schmeckt, ich schwöre!

ZUTATEN

2 EL Paprikapulver
1–2 TL Ovomaltinepulver
1 TL gemahlener Kreuzkümmel
1 TL gemahlene Koriandersamen
1 TL Senfmehl

Tipp

Auch etwas Ovomaltine in der BBQ-Sauce ist meiner Meinung nach sehr geil!

Das beste Steak-Gewürz der Welt

Mehr brauchst du nicht.

ZUTATEN

Salz

Disclaimer

Ich hab nur 1 Joke gemacht.

Register

F

G

H

I

K

Videolinks – ganz analog

Seite	Thema	Link
7	Die Entstehung von ksk	bit.ly/3xvzbKv
12	Einreduzierter Fond	bit.ly/3dnC35p
12	Zwiebelrostbraten (6:48)	bit.ly/3LtBIuO
18	schnelle Demi-Glace	bit.ly/3LtLpsX
21	Das Geheimnis für schnelle Gerichte	bit.ly/3ds8K1l
31	Leberkäs selber machen	bit.ly/3BNXmqi
36	Brötchen formen	bit.ly/3DAXquF
43	Kochen mit 5 €	bit.ly/3DzolqQ
44	Wie man Spätzle schabt	bit.ly/3BRPFQo
48	Eiernockerl in den Topf klatschen	bit.ly/3RWLO9E
56	Pasta selber machen	bit.ly/3RVlhK9
66	Zwiebelrostbraten (15:18)	bit.ly/3LsbR68

Seite	Thema	Link
71	Briocheteig	bit.ly/3qMIofm
74	Vanillesauce (9:28)	bit.ly/3BrDvvF
83	Hangover Rezepte Test	bit.ly/3Dxr58c
84	Hollandaise und pochierte Eier (7:22)	bit.ly/3Lthrpe
84	Gebratener Lachs (8:34)	bit.ly/3UjhAzn
86	MäckMuffin (11:09)	bit.ly/3RXgNT7
94	Gnocchi-Teig	bit.ly/3qPQPVO
98	Erdäpfelteig formen	bit.ly/3QVpNqv
112	Pizza ohne Pizzastein	bit.ly/3qVf6cR
112	die BESTE Pizza	bit.ly/3BtFC1T
128	Rippchen-Technik	bit.ly/3UkzjGy
129	weitere BBQ-Saucen (4:58)	bit.ly/3BvmY9Q

Über den Autor

Kein Stress kochen

Mr. kSk, Jahrgang irgendwo zwischen 1985 und 1995 (so genau weiß man das nicht), verbrachte seine Kindheit in der Küche seiner Mutter, einer mittlerweile pensionierten Köchin, im „Grazer Ghetto". Dort baute er nicht nur seinen sympathischen Dialekt, sondern auch seine Liebe zum Kochen aus. Als Ausgleich zu seinem Traum-Hauptjob suchte er ein Hobby, das ihn gleichzeitig fordert und mental ausbalanciert: 2019 gründete er deshalb den YouTube-Kanal „kein Stress kochen". Mit charmantem Witz und fundiertem Küchen-Know-how bringt er seinen Followern seine Leidenschaft näher, auch wenn hier und da Rezepte dabei sind, die Puristen als illegal bezeichnen würden. „Selber kochen ist Ehrensache und die Küche ist eine Spielwiese, die es zu erkunden gilt", sagt er und schaut auf seinem Kanal und in seinem Buch auch über den österreichischen Tellerrand in die internationale Küche.

Danke!

Normalerweise fällt es mir wahnsinnig schwer, so etwas zu schreiben. Nicht aber hier. Hier weiß ich ganz genau, wem ich danken muss:

Ganz klar an erster Stelle stehen, wie immer, meine Eltern. Kochen und Essen waren immer wichtige Dinge in meiner Familie und das hat sich sehr auf mein Leben ausgewirkt. Wenn man mich als Kind hatte, musste wenigstens das Essen gut sein!

Daniela, meiner Muse, Testesserin und härtesten Kritikerin, die mich immer zu Rezept-Höchstleistungen und in den Wahnsinn treibt, sowie der Katze Aurora, die öfters vom Fleisch profitiert.

Stefan, meinem besten Hawara. Er hat zwar wenig mit dem Buch zu tun, aber seinem Hawara zu danken, weil er dein Hawara ist, ist immer wichtig.

Der verdammten Natascha und Kevin aka „Der Eierrasierer vom wilden Westen" (bitte keine Fragen dazu), die mich immer supported haben.

Mirja und Jens Glatz, ohne die es viele Dinge nicht geben würde, wie zum Beispiel dieses Buch. Während ich stolz darauf bin, jedes einzelne Gericht in diesem Buch gekocht zu haben, hat Mirja diese unglaublich schönen Fotos gemacht. Als erfolgreiche Foodbloggerin und Betreiberin von „Kuechenchaotin.de" ist das auch kein Wunder.

Wenn man meine Videos kennt, weiß man, dass ich von Fotografie keine Ahnung habe. Genauso wenig Ahnung habe ich von Vertriebsdingen, die im Hintergrund laufen, und darum kümmert sich Jens, der auch den YouTube-Kanal „Kochhelden" mit seinem Charme und seinen Rezepten bestückt.

Danke an Tilda, die Tochter von Jens und Mirja, und Ernold, deren Kater. Beide sorgten dafür, dass ich mich auch im härtesten Arbeitsstress wieder fangen konnte. Ob durch das Streicheln von Ernold oder dem abendlichen Sandmann-Ritual mit Tilda – danach war die Welt wieder in Ordnung.

Der Fleischerei Mosshammer in Graz, die mich immer mit Top Fleischqualität versorgt. Dieter, dem Inhaber der Metzgerei Walz in Urbach mit dem besten Beef Jerky und der flexibelsten Fleischbeschaffung.

Nichtsdestotrotz hätte es dieses Buch und den YouTube-Kanal nicht ohne dich gegeben. Ja, du der das liest. Du bist mitverantwortlich! Du schaust meine Videos, du liest mein Buch. Dafür bin ich unheimlich dankbar.

Vielen Dank! kSk ♡

Über die Fotografen

Mirja & Jens Glatz

Mirja und Jens Glatz arbeiten unter anderem als Foodfotografen in Rudersberg, in der Nähe von Stuttgart, und betreuen mit ihrer Medienagentur viele Firmen, Verlage und Creator im Kochbereich. Social Media, Kochen und Reisen sind ihre großen Leidenschaften, die sie in ihrem Familienunternehmen perfekt miteinander kombinieren.

Die beiden Foodies verbindet nicht nur der Ehering, sondern auch die Leidenschaft für gutes Essen. Seit über zehn Jahren sind sie mit ihren Foodblogs *kuechenchaotin.de* und *kochhelden.tv*, Showcookings auf großen Messebühnen und einem eigenen YouTube-Kanal erfolgreich und haben sich durch diverse, darunter auch eigene, Kochbuchproduktionen einen Namen in der Foodszene gemacht.

Mit Mr. kSk verbindet sie nicht nur die Kochbegeisterung, sondern auch eine enge Freundschaft. „The perfect match" für dieses Buch.

Impressum

Bibliografische Information der Deutschen Bibliothek.

Die Deutsche Bibliothek verzeichnet diese Publikation in der Deutschen Nationalbibliografie.

Detaillierte bibliografische Daten sind im Internet über http://www.dnb.de/ abrufbar.

EIN BUCH DER EDITION MICHAEL FISCHER

3. Auflage 2023

Donnersbergstr. 7, 86859 Igling

Covergestaltung, Layout und Satz: Lena Albert

Projektmanagement und Lektorat:
Katharina Gutschik

Fotografie: GLATZ Media GmbH,
außer: S. 8: © alexfan32/Shutterstock

Illustrationen: kein Stress kochen,
außer: Pfeile: © NazArt/Shutterstock

ISBN 978-3-7459-1081-0

Gedruckt bei PNB Print SIA „Jansili", Silakrogs, Ropazu novads, LV-2133, Lettland

www.emf-verlag.de

Knife to meet you!